Curso

La diferencia entre aprobar
y sacar plaza

Subgrupo A2

JUNTA DE COMUNIDADES DE CASTILLA-LA MANCHA

Si aún no dispones de tu **Curso MAD360**, te ofrecemos un acceso GRATIS de 30 días para que disfrutes de los siguientes recursos:

- Técnicas de Memoria 360.
- MADTEST: Test *online* Nivel PRO.
- Temario en formato digital.
- Planificación de estudio.
- Foro entre opositores hasta la fecha del examen.*
- Recursos y novedades exclusivas.
- Consulta sobre la oposición y el proceso selectivo.
- Actualizaciones legislativas (Boletines Oficiales) hasta 60 días antes de la fecha del examen.*

Para acceder a esta prueba del Curso MAD360** será necesaria la compra de todos los libros para esta especialidad de la edición 2024.

Regístrate en **mad.es/iniciar-sesion** y en la pestaña BIBLIOTECA valida los códigos que encuentras en la última página de tus libros.

AF212301

NOTA IMPORTANTE:

* Examen de esta categoría profesional correspondiente a la convocatoria publicada en el DOCM núm. 244, de 18 de diciembre de 2024, o hasta el 31 de enero de 2026, lo que se cumpla antes, y previa renovación del servicio.

** El acceso al CURSO MAD360 estará disponible desde enero de 2025 (algunos recursos podrían estar disponibles en fecha posterior). Tendrá una duración de 30 días RENOVABLES mediante pago, desde la validación de códigos, o hasta el 31 de julio de 2026, lo que se cumpla antes.

MAD se reserva el derecho a ampliar dichas fechas.

Subgrupo A2 de la Junta de Comunidades de Castilla-La Mancha

Enero, 2025

Subgrupo A2 de la Junta de Comunidades de Castilla-La Mancha

Test de la Parte Común

Autores

JOAQUÍN MARTÍNEZ DEL FRESNO
Licenciado en Derecho
Funcionario del Cuerpo Superior de Administradores

FRANCISCO JESÚS TORRES FONSECA
Licenciado en Derecho

ELENA GARCÍA FERNÁNDEZ
Licenciada en Derecho

© 7 Editores Recursos para la Cualificación Profesional y el Empleo, S.L. (7 Editores)
© Los autores
Primera edición, enero 2025 (232 páginas)
Derechos de edición reservados a favor de 7 Editores
IMPRESO EN ESPAÑA
Diseño Portada: 7 Editores
Edita: 7 Editores
Avda. San Francisco Javier, 9 · Edificio Sevilla 2 · Planta 11 · Módulos 25-27 · 41018 Sevilla
Teléfono: 954 784 411 · WEB: www.mad.es · e-mail: administracion@7editores.com
ISBN: 978-84-142-9082-8
© "Editorial Mad" y "Eduforma" son nombres comerciales registrados de
7 Editores Recursos para la Cualificación Profesional y el Empleo, S.L.

Índice

Test n.º 1. La Unión Europea y sus instituciones. Las libertades básicas. Las fuentes del derecho de la Unión Europea (*167 preguntas*) 9

Test n.º 2. La Constitución Española de 1978 (*155 preguntas*) 49

Test n.º 3. El Estatuto de Autonomía de Castilla-La Mancha. La organización territorial de Castilla-La Mancha (*30 preguntas*) 85

Test n.º 4. El Gobierno y la Administración Regional: estructura, organización y régimen jurídico (*25 preguntas*) 95

Test n.º 5. La Administración Pública: principios de actuación. Las relaciones interadministrativas. Las relaciones entre la Administración Pública y los ciudadanos: especial referencia a la Administración de la Junta de Comunidades de Castilla-La Mancha. Los órganos administrativos (*95 preguntas*) ... 103

Test n.º 6. Los actos administrativos: requisitos y eficacia. Nulidad y anulabilidad. La notificación y ejecución de los actos. La revisión de los actos en vía administrativa: revisión de oficio y recursos administrativos (*60 preguntas*) ... 129

Test n.º 7. El procedimiento administrativo común y sus fases. Especialidades del procedimiento de naturaleza sancionadora y de responsabilidad patrimonial. La tramitación simplificada del procedimiento administrativo común (*30 preguntas*) 143

Test n.º 8. Los contratos del Sector público: clases y régimen jurídico. Sus elementos. Preparación, adjudicación, efectos, cumplimiento y extinción (*35 preguntas*) 153

Test n.º 9. Las subvenciones públicas en la Administración de la Junta de Comunidades de Castilla-La Mancha. El procedimiento de concesión y de gestión y justificación de subvenciones. El reintegro de las subvenciones (*20 preguntas*) 163

Test n.º 10. El personal al servicio de la Administración de la Junta de Comunidades de Castilla-La Mancha: clases y régimen jurídico. El Convenio Colectivo del personal laboral al servicio de la Administración de la Junta de Comunidades de Castilla-La Mancha (*59 preguntas*) 171

Test n.º 11. El presupuesto de la Junta de Comunidades de Castilla-La Mancha: elaboración, aprobación y ejecución. El control de la actividad financiera en la Administración Regional (*20 preguntas*) 187

Test n.º 12. La administración burocrática y la nueva gestión pública. Las técnicas de dirección y gerencia pública. Ley de Participación de Castilla La Mancha: Disposiciones generales y procedimientos de participación ciudadana. La ética en la gestión pública (*33 preguntas*) 193

Test n.º 13. La igualdad efectiva de mujeres y hombres. Políticas públicas de igualdad (*30 preguntas*) 203

Test n.º 14. La transparencia en la Administración de la Junta de Comunidades de Castilla-La Mancha: normativa de aplicación. Publicidad activa y derecho de acceso a la información pública (*25 preguntas*) 213

Test n.º 15. La protección de datos. Régimen jurídico. Principios y derechos de los ciudadanos. La Seguridad de la Información: principios básicos y requisitos mínimos en el Esquema Nacional de Seguridad (*30 preguntas*) 221

TEST N.º 1

La Unión Europea y sus instituciones. Las libertades básicas. Las fuentes del Derecho de la Unión Europea

1. El Tribunal de Justicia de la Unión Europea comprenderá:

a) El Tribunal de Justicia, el Tribunal General y los tribunales especializados.
b) El Tribunal de Justicia y el Tribunal General.
c) El Tribunal de Justicia, el Tribunal General, los tribunales especializados y el Tribunal de Primera Instancia.
d) El Tribunal de Justicia y los tribunales especializados.

2. El Consejo está compuesto por:

a) Un representante de cada Estado miembro, de rango ministerial, facultado para comprometer al Gobierno del Estado miembro al que represente y para ejercer el derecho de voto.
b) Los Jefes de Estado o de Gobierno de los Estados miembros, así como por su Presidente y por el Presidente de la Comisión.
c) Los Jefes de Estado o de Gobierno de los países miembros.
d) Todas son falsas.

3. Excepto cuando los Tratados dispongan otra cosa, el Consejo se pronunciará por:

a) Mayoría simple.
b) Unanimidad.
c) Mayoría cualificada.
d) Mayoría simple y cualificada.

4. ¿Cuál es el órgano ejecutivo de la Unión Europea?

a) El Consejo.
b) El Consejo Europeo.
c) La Comisión.
d) El Presidente de la Comisión.

5. Los miembros de la Comisión son nombrados por:

a) El Parlamento.
b) El Parlamento y el Consejo Europeo de forma conjunta.
c) El Consejo Europeo, por mayoría cualificada.
d) El Consejo, por mayoría cualificada.

6. Señala la respuesta verdadera:

a) El Parlamento Europeo y el Consejo estarán asistidos por un Comité Económico y Social y por un Comité de las Regiones que ejercerán funciones consultivas.
b) El Parlamento Europeo, el Consejo y la Comisión estarán asistidos por un Comité Económico y Social y por un Comité de las Regiones que ejercerán funciones consultivas.
c) El Parlamento Europeo, el Consejo, la Comisión y el Tribunal de Justicia estarán asistidos por un Comité Económico y Social y por un Comité de las Regiones que ejercerán funciones consultivas.
d) Todas las respuestas son falsas.

7. El Parlamento Europeo:

a) Estará compuesto por representantes de los ciudadanos de la Unión.
b) La representación de los ciudadanos será decrecientemente proporcional, con un mínimo de seis diputados por Estado miembro.
c) No se asignará a ningún Estado miembro más de noventa y seis escaños.
d) Todas las respuestas son verdaderas.

8. Los diputados al Parlamento Europeo serán elegidos para un mandato de:

a) Cuatro años.
b) Seis años.
c) Cinco años.
d) Todas son falsas.

9. El presupuesto anual de la UE es decidido (aprobado):

a) Conjuntamente por el Consejo y el Parlamento, por un procedimiento especial.
b) Por el Parlamento.
c) Por la Comisión.
d) Por la Comisión y el Parlamento, por un procedimiento ordinario.

10. El Coreper es:

a) La representación de cada miembro ante la UE.
b) Un órgano de la Comisión.
c) Un órgano del Parlamento.
d) La reunión de los miembros de la Comisión.

11. La Mesa del Parlamento tiene los siguientes Vicepresidentes:

a) 14.
b) 15.
c) 16.
d) 5.

12. La Comisión se designa para un periodo de:

a) 5 años.
b) 6 años.
c) 4 años.
d) El que determine el Parlamento.

13. La sede de la Comisión está en:

a) Estrasburgo.
b) Bruselas.
c) Luxemburgo.
d) París.

14. El mandato de los miembros de la Comisión será:

a) Renovable por una sola vez.
b) Renovable.
c) No será renovable.
d) Renovable cuando así lo determine el Parlamento.

15. Los acuerdos de la Comisión se adoptarán:

a) Por unanimidad.
b) Por mayoría cualificada.
c) Por 2/3 partes.
d) Por mayoría del número de miembros.

16. El Tribunal de Justicia de la Unión Europea tendrá su sede en:

a) Luxemburgo.
b) Bruselas.
c) Frankfurt.
d) La Haya.

17. El Presidente de la Comisión:

a) Definirá las orientaciones con arreglo a las cuales la Comisión desempeñará sus funciones.
b) Determinará la organización interna de la Comisión velando por la coherencia, eficacia y colegialidad de su actuación.

c) Nombrará Vicepresidentes, distintos del Alto Representante de la Unión para Asuntos Exteriores y Política de Seguridad, de entre los miembros de la Comisión.

d) Todas las respuestas son verdaderas.

18. Respecto a las elecciones al Parlamento Europeo, en España se ha optado porque:

a) La circunscripción electoral sea única para todo el territorio nacional.

b) La circunscripción electoral sea por Comunidades Autónomas.

c) La circunscripción electoral sea por provincias.

d) Todas las respuestas son falsas.

19. La Institución en la que están representados los intereses nacionales y por ello encarna el principio de la representación de los Estados en la Unión Europea, es:

a) El Consejo.

b) La Comisión.

c) El Parlamento.

d) Todas las respuestas son verdaderas.

20. En relación con la Comisión:

a) Solamente los nacionales de los Estados miembros podrán ser miembros de la Comisión.

b) Los miembros de la Comisión ejercerán sus funciones con absoluta independencia y en interés general de su país.

c) Los miembros de la Comisión podrán, mientras dure su mandato, ejercer actividades profesionales, retribuidas o no, solamente fuera de la Comunidad.

d) Todas las respuestas son verdaderas.

21. Respecto del Parlamento Europeo:

a) El periodo parcial de sesiones será la reunión que celebre el Parlamento, por regla general, cada mes. Este periodo se dividirá en sesiones.

b) La legislatura coincidirá con la duración del mandato de los diputados.

c) La duración del periodo de sesiones será de un año.

d) Todas las respuestas son verdaderas.

22. Señala la respuesta verdadera:

a) Todo miembro de la Comisión que deje de reunir las condiciones necesarias para el ejercicio de sus funciones o haya cometido una falta grave podrá ser cesado por el Tribunal de Justicia, a instancia del Consejo, por mayoría simple, o de la Comisión.

b) Todo miembro de la Comisión que deje de reunir las condiciones necesarias para el ejercicio de sus funciones o haya cometido una falta grave podrá ser cesado por el Tribunal, a instancia del Consejo, por mayoría simple, o de la Comisión.

c) Todo miembro de la Comisión que deje de reunir las condiciones necesarias para el ejercicio de sus funciones o haya cometido una falta grave podrá ser cesado por el Tribunal de Justicia, a instancia del Consejo, de la Comisión o del Parlamento.

d) Todas las respuestas son falsas.

23. El Tribunal de Justicia estará compuesto por:

a) Un juez por Estado miembro y 11 abogados generales.
b) Al menos un juez por Estado miembro y nueve abogados generales.
c) Al menos un juez por Estado miembro y los abogados generales rotarán por países.
d) Dos jueces por cada Estado miembro.

24. Las elecciones al Parlamento Europeo se celebran cada:

a) Seis años.
b) Cinco años.
c) Cuatro años.
d) Ocho años.

25. ¿Qué país presidirá el Consejo en el segundo semestre de 2025?

a) Hungría.
b) Polonia.
c) Bélgica.
d) Francia.

26. Habrá quórum en el Parlamento cuando se encuentre reunida en el salón de sesiones:

a) La cuarta parte de los diputados que integran el Parlamento.
b) La quinta parte de los diputados que integran el Parlamento.
c) La mitad de los diputados que integran el Parlamento.
d) La tercera parte de los diputados que integran el Parlamento.

27. Serán necesarios para formar grupo parlamentario en el Parlamento Europeo:

a) 25 diputados, que representen al menos a una cuarta parte de los Estados miembros.
b) 25 diputados, que representen al menos a cinco Estados miembros.
c) 25 diputados, que representen al menos a una tercera parte de los Estados miembros.
d) 23 diputados, que representen al menos a una cuarta parte de los Estados miembros.

28. El Presidente del Parlamento Europeo tendrá un mandato de:

a) Tres años.
b) Dos años y medio, sin prórroga.
c) Cinco años, con prórroga.
d) Dos años y medio, prorrogable por otros dos años y medio.

29. No será Institución de la Comunidad:

a) El Tribunal de Cuentas.
b) El Tribunal de Justicia.
c) El Defensor del Pueblo.
d) Todas son Instituciones.

30. Fijar los sueldos, dietas y pensiones del Presidente del Consejo Europeo, del Presidente de la Comisión, del Alto Representante de la Unión para Asuntos Exteriores y Política de Seguridad, de los miembros de la Comisión, de los Presidentes, miembros y secretarios del Tribunal de Justicia de la Unión Europea y del Secretario General del Consejo corresponde al:

a) Parlamento.
b) Consejo.
c) Consejo Europeo.
d) Comisión.

31. El Parlamento:

a) Se reunirá con previa convocatoria el segundo martes de marzo.
b) Se reunirá sin necesidad de previa convocatoria el segundo martes de marzo.
c) Se reunirá la segunda semana de enero con previa convocatoria.
d) Se reunirá el 2 de enero de cada año.

32. En el Parlamento Europeo, las sesiones plenarias mensuales, a las que asisten todos los diputados, se celebran en:

a) Estrasburgo (Francia).
b) Brušelas (Bélgica).
c) Luxemburgo.
d) Holanda.

33. Tendrá/n derecho a presentar al Parlamento Europeo, individualmente o asociado con otros ciudadanos o personas, una petición sobre un asunto propio de los ámbitos de actuación de la Comunidad que le afecte directamente:

a) Solamente los Estados miembros.
b) Cualquier ciudadano de la Unión, así como cualquier persona física o jurídica que resida o tenga su domicilio social en un Estado miembro.
c) Exclusivamente cualquier ciudadano de la Unión.
d) Todas las respuestas son falsas.

34. El Parlamento Europeo podrá tener, en su caso como máximo, los siguientes diputados:

a) Su número no excederá de setecientos cincuenta, más el Presidente.
b) Su número no excederá de setecientos cincuenta y uno, más el Presidente.

c) Su número será de setecientos treinta y seis.

d) Su número no excederá de 720 en todo caso

35. El Parlamento Europeo, en caso de que se le someta una moción de censura sobre la gestión de la Comisión:

a) Solo podrá pronunciarse sobre dicha moción transcurridos tres días desde la fecha de su presentación y en votación pública.

b) Solo podrá pronunciarse sobre dicha moción transcurridos tres días como mínimo desde la fecha de su presentación y en votación pública.

c) Solo podrá pronunciarse sobre dicha moción transcurridos cinco días como mínimo desde la fecha de su presentación y en votación pública.

d) No se establece plazo.

36. Las Instituciones Comunitarias en sentido estricto son:

a) El Parlamento Europeo, el Consejo, la Comisión, el Tribunal de Justicia, el Comité de las Regiones y el Comité Económico y Social.

b) El Parlamento Europeo, el Consejo, la Comisión, el Tribunal de Justicia y el Comité de las Regiones.

c) El Parlamento Europeo, el Consejo, la Comisión, el Tribunal de Justicia y el Comité Económico y Social.

d) El Parlamento Europeo, el Consejo, la Comisión, el Tribunal de Justicia, el Tribunal de Cuentas, el Banco Central Europeo y el Consejo Europeo.

37. ¿Qué Institución de la Unión Europea está compuesta por un representante de cada Estado miembro de rango ministerial?

a) La Comislón.

b) El Consejo.

c) El Tribunal de Justicia.

d) El Comité Económico y Social.

38. Respecto de la moción de censura:

a) Si la moción de censura es aprobada por mayoría de dos tercios de los votos emitidos que representen, a su vez, la mayoría de los diputados que componen el Parlamento Europeo, los miembros de la Comisión deberán dimitir colectivamente de sus cargos y el Alto Representante de la Unión para Asuntos Exteriores y Política de Seguridad deberá dimitir del cargo que ejerce en la Comisión.

b) Si la moción de censura es aprobada por mayoría de dos tercios de los votos emitidos que representen, a su vez, la mayoría de los diputados que componen el Parlamento Europeo, los miembros de la Comisión deberán dimitir colectivamente de sus cargos, excepto el Alto Representante de la Unión para Asuntos Exteriores y Política de Seguridad.

c) Si la moción de censura es aprobada por mayoría de tres quintos de los votos emitidos que representen, a su vez, la mayoría de los diputados que componen el Parlamento Europeo, los miembros de la Comisión deberán dimitir colectivamente de sus cargos y el Alto Representante de la Unión para Asuntos Exteriores y Política de Seguridad deberá dimitir del cargo que ejerce en la Comisión.

d) Todas son falsas.

39. El número mínimo de diputados al Parlamento por país será de:

a) Seis.
b) Cinco.
c) Cuatro.
d) Ocho.

40. El Consejo decidirá la organización de la Secretaría General por:

a) Unanimidad.
b) Mayoría simple.
c) Mayoría cualificada.
d) Consenso.

41. La mayoría cualificada en el Consejo, cuando actúe a instancias de la Comisión, se definirá:

a) Como un mínimo del 55 % de los miembros del Consejo que incluya al menos a quince de ellos, que represente a Estados miembros que reúnan como mínimo el 65 % de la población de la Unión.

b) Como un mínimo del 65 % de los miembros del Consejo que incluya al menos a quince de ellos, que represente a Estados miembros que reúnan como mínimo el 55 % de la población de la Unión.

c) Como un mínimo del 55 % de los miembros del Consejo que incluya al menos a quince de ellos, que represente a Estados miembros que reúnan como mínimo el 72 % de la población de la Unión.

d) Como un mínimo del 55 % de los miembros del Consejo que incluya al menos a diez de ellos, que represente a Estados miembros que reúnan como mínimo el 72 % de la población de la Unión.

42. Son formaciones de existencia necesaria en Consejo:

a) El Consejo de Asuntos Generales y el Consejo de Asuntos Exteriores.

b) El Consejo de Asuntos Generales, el Consejo de Asuntos Exteriores y el Consejo de Asuntos de Justicia e Interior.

c) El Consejo de Asuntos Generales, el Consejo de Asuntos Exteriores y el Consejo de Asuntos Económicos y Financieros.

d) El Consejo de Asuntos Generales y el ECOFIN.

43. Los Tratados establecen, respecto de la composición de la Comisión, que a partir del 1 de noviembre de 2014, la Comisión estará compuesta por:

a) Un número de miembros correspondiente a los tres quintos del número de Estados miembros, a menos que el Consejo Europeo decida por unanimidad modificar dicho número.

b) Un número de miembros correspondiente a los dos tercios del número de Estados miembros, a menos que el Consejo de la Unión Europea decida por unanimidad modificar dicho número.

c) Un número de miembros correspondiente a los dos tercios del número de Estados miembros, a menos que el Consejo Europeo decida por unanimidad modificar dicho número.

d) Un número de miembros correspondiente a los dos tercios del número de Estados miembros, a menos que el Parlamento Europeo decida por unanimidad modificar dicho número.

44. En el Consejo y cuando se vote por mayoría cualificada, para bloquear una decisión, son necesarios:

a) Al menos 4 países, que representen, como mínimo, al 35 % de la población total de la UE.

b) Al menos 3 países, que representen, como mínimo, al 35 % de la población total de la UE.

c) Al menos 4 países, que representen, como mínimo, al 55 % de la población total de la UE.

d) Al menos 4 países, que representen, como mínimo, al 65 % de la población total de la UE.

45. Los jueces elegirán de entre ellos al Presidente del Tribunal General por un periodo de:

a) Seis años no renovables.

b) Cinco años renovables.

c) Tres años y su mandato será renovable.

d) Cuatro años renovables.

46. La presidencia del Consejo y las de sus distintas formaciones están asistidas por:

a) El Consejo Económico y Social.

b) El Parlamento.

c) Una Secretaría General.

d) El Órgano Consultivo de la Unión Europea.

47. Señala la respuesta verdadera:

a) El Parlamento Europeo representa a los ciudadanos de la UE y es elegido directamente por ellos.

b) El Consejo de la Unión Europea representa a los Estados miembros individuales.

c) La Comisión Europea defiende los intereses de la Unión en conjunto.

d) Todas son verdaderas.

48. Señala la respuesta falsa:

a) La Comisión tendrá su sede en Bruselas, aunque algunos de sus servicios se establecerán en Luxemburgo.
b) El Tribunal de Justicia de la Unión Europea tendrá su sede en Luxemburgo.
c) El Tribunal de Cuentas tendrá su sede en Luxemburgo.
d) El Comité Económico y Social tendrá su sede en La Haya.

49. Cuando hablamos del Consejo nos estamos refiriendo:

a) Al Consejo de la Unión Europea.
b) Al Consejo Europeo.
c) Al Consejo de Europa.
d) Todas las respuestas son falsas.

50. En el Parlamento el periodo de sesiones será:

a) El primero de septiembre a diciembre y el segundo de febrero a junio.
b) El primero de enero a junio y el segundo de septiembre a diciembre.
c) La duración del periodo de sesiones será de un año.
d) De enero a octubre.

51. La presidencia del Consejo de la Unión Europea:

a) Es rotatoria cada 6 meses.
b) Es de dos años y medio.
c) Será rotatoria solamente la del Consejo Europeo.
d) Será de un año.

52. La presidencia de las formaciones del Consejo:

a) Será desempeñada por los representantes de los Estados miembros en el Consejo mediante un sistema de rotación igual.
b) Con excepción de la de Asuntos Exteriores, será desempeñada por los representantes de los Estados miembros en el Consejo mediante un sistema de rotación igual.
c) Será desempeñada por el presidente del Consejo Europeo.
d) Todas las respuestas son falsas.

53. En el Consejo es una formación de existencia obligatoria:

a) El Consejo de Asuntos Exteriores.
b) El Consejo de Asuntos Económicos y Financieros (ECOFIN).
c) El Consejo de Asuntos de Justicia e Interior, que reúne a los Ministros de Justicia o de Interior.
d) El Consejo de Empleo, Política Social, Salud y Consumidores.

54. Respecto a la Secretaría General del Consejo:

a) La presidencia del Consejo y las de sus distintas formaciones están asistidas por la Secretaría General del Consejo, órgano administrativo y de gestión interna cuya dirección detenta un Secretario General, nombrado por el Consejo.

b) El Consejo decidirá por mayoría simple la organización de la Secretaría General.

c) El Consejo se pronunciará por mayoría simple en las cuestiones de procedimiento y para la aprobación de su reglamento interno.

d) Todas las respuestas son verdaderas.

55. El Consejo:

a) Por mayoría cualificada, podrá pedir a la Comisión que proceda a efectuar todos los estudios que él considere oportunos para la consecución de los objetivos comunes y que le someta las propuestas pertinentes. Si la Comisión no presenta propuesta alguna, comunicará las razones al Consejo.

b) Por mayoría simple, podrá pedir al Parlamento que proceda a efectuar todos los estudios que él considere oportunos para la consecución de los objetivos comunes y que le someta las propuestas pertinentes.

c) Podrá pedir a la Comisión que proceda a efectuar todos los estudios que él considere oportunos para la consecución de los objetivos comunes y que le someta las propuestas pertinentes. Si la Comisión no presenta propuesta alguna, comunicará las razones al Consejo.

d) Por mayoría simple, podrá pedir a la Comisión que proceda a efectuar todos los estudios que él considere oportunos para la consecución de los objetivos comunes y que le someta las propuestas pertinentes. Si la Comisión no presenta propuesta alguna, comunicará las razones al Consejo.

56. Los miembros de la Comisión serán elegidos en razón de su competencia general y de su compromiso europeo:

a) Será necesario haber ostentando el cargo de ministro en su país miembro.

b) Será necesario haber sido miembro del Parlamento Europeo.

c) De entre personalidades que ofrezcan plenas garantías de independencia.

d) De entre personalidades de cada Estado miembro que sean a su vez miembros del gobierno nacional de cada país.

57. A los vicepresidentes de la Comisión los nombra:

a) El Presidente.

b) El Consejo.

c) El Consejo Europeo.

d) La Comisión en pleno.

58. La Comisión será nombrada por:

a) El Parlamento.

b) El Consejo.

c) Conjuntamente por el Parlamento y el Consejo.
d) El Consejo Europeo, por mayoría cualificada.

59. De acuerdo con el TUE, las instituciones mantendrán entre sí:

a) Relaciones de coordinación.
b) Relaciones de cooperación.
c) Una coordinación y cooperación leal.
d) Una cooperación leal.

60. Las responsabilidades que incumben a la Comisión:

a) Vienen determinadas para cada Comisario en el Tratado de Lisboa.
b) Se las atribuye el Consejo.
c) Serán estructuradas y repartidas entre sus miembros por el presidente.
d) Serán atribuidas de acuerdo con el reglamento interno de la Comisión.

61. Como regla general, la Institución que tiene la iniciativa legislativa es:

a) El Consejo.
b) La Comisión.
c) El Parlamento.
d) Todos ellos.

62. El número mínimo y máximo, respectivamente, de parlamentarios por país es de:

a) 5 y 96.
b) 6 y 99.
c) 6 y 96.
d) 6 y 98.

63. En el Parlamento Europeo los parlamentarios que no pertenecen a ningún grupo, se denominan:

a) No inscritos.
b) Grupo mixto.
c) Grupo europeo.
d) Todos deben pertenecer a un grupo parlamentario.

64. En el Parlamento Europeo en la actualidad existen los siguientes cuestores:

a) 4.
b) 5.
c) 6.
d) 7.

65. En el Parlamento existen o pueden existir:

a) Comisiones permanentes.
b) Comisiones especiales.
c) Comisiones de investigación.
d) Todas ellas.

66. Respecto a las peticiones al Parlamento las pueden presentar:

a) Cualquier ciudadano de la Unión, así como cualquier persona física o jurídica que resida o tenga su domicilio social en un Estado miembro, tendrá derecho a presentar al Parlamento Europeo, individualmente o asociado con otros ciudadanos o personas, una petición sobre un asunto propio de los ámbitos de actuación de la Unión que le afecte directamente.

b) Cualquier Estado, así como cualquier persona jurídica que resida o tenga su domicilio social en un Estado miembro, tendrá derecho a presentar al Parlamento Europeo, individualmente o asociado con otros ciudadanos o personas, una petición sobre un asunto propio de los ámbitos de actuación de la Unión que le afecte directamente.

c) Cualquier ciudadano de la Unión, así como cualquier persona física o jurídica que resida o tenga su domicilio social en un Estado miembro, tendrá derecho a presentar al Parlamento Europeo, exclusivamente de forma individual una petición sobre un asunto propio de los ámbitos de actuación de la Unión que le afecte directamente.

d) Cualquier Estado tendrá derecho a presentar al Parlamento Europeo una petición sobre un asunto propio de los ámbitos de actuación de la Unión que le afecte directamente.

67. Cuando el Consejo no actúe a propuesta de la Comisión o del Alto Representante de la Unión para Asuntos Exteriores y Política de Seguridad, la mayoría cualificada se definirá con:

a) Un mínimo del 72 % de los miembros del Consejo.
b) Un mínimo del 72 % de la población.
c) Un mínimo del 65 % de los miembros del Consejo.
d) Todas son falsas.

68. El Presidente, el Alto Representante de la Unión para Asuntos Exteriores y Política de Seguridad y los demás miembros de la Comisión se someterán colegiadamente al voto de aprobación de:

a) Parlamento Europeo.
b) Consejo Europeo.
c) Consejo.
d) Tribunal de Justicia.

69. El Parlamento Europeo tiene en la actualidad los siguientes diputados:

a) 705, incluido el presidente.
b) 750, incluido el presidente.
c) 750, más el presidente.
d) 720, incluido el Presidente.

70. ¿Qué Tratado regula el mercado interior como una de las innovaciones más importantes, y que por ello va a permitir crear y desarrollar en un futuro el mercado único europeo, eliminando las barreras a las fronteras que existían hasta ese momento?

a) Lisboa.
b) Niza.
c) Ámsterdam.
d) Acta Única.

71. El presidente del Tribunal de Justicia lo elige:

a) La Comisión.
b) El Consejo Europeo.
c) El Consejo de la Unión Europea.
d) Los jueces del Tribunal de Justicia.

72. Será miembro nato de la Comisión:

a) El Presidente del Consejo Europeo.
b) El Presidente del Consejo de la Unión Europea.
c) El Alto Representante de la Unión para Asuntos Exteriores y Política de Seguridad.
d) El Presidente del Parlamento Europeo.

73. En el Consejo de la Unión Europea en las votaciones por mayoría cualificada, las abstenciones cuentan:

a) Como abstenciones.
b) Como votos en contra.
c) Como votos a favor.
d) Todas son falsas.

74. ¿Cuántos miembros tiene el Tribunal General de la Unión Europea?

a) Uno por cada Estado.
b) Dos por cada Estado.
c) 49.
d) 47.

75. El Consejo Europeo está compuesto por:

a) Los Jefes de Estado o de Gobierno de los Estados miembros, así como por su Presidente y por el Presidente de la Comisión. Participará en sus trabajos el Alto Representante de la Unión para Asuntos Exteriores y Política de Seguridad.
b) Los Jefes de Estado o de Gobierno de los Estados miembros, así como por su Presidente. Participará en sus trabajos el Alto Representante de la Unión para Asuntos Exteriores y Política de Seguridad.

c) Los Jefes de Estado o de Gobierno de los Estados miembros y por el Presidente de la Comisión. Participará en sus trabajos el Alto Representante de la Unión para Asuntos Exteriores y Política de Seguridad.

d) Los Jefes de Estado o de Gobierno de los Estados miembros, así como por su Presidente y por el Presidente de la Comisión. También por el Alto Representante de la Unión para Asuntos Exteriores y Política de Seguridad.

76. ¿Qué dos órganos pasan a ser Institución a partir del Tratado de Lisboa?

a) El Parlamento y la Comisión.
b) El Consejo Europeo y el Banco Central.
c) El Banco Central y la Comisión.
d) La Comisión y el Consejo.

77. Acerca del Presidente del Consejo Europeo diremos que:

a) Es una figura de nueva creación tras el Tratado de Lisboa.
b) Su mandato será de dos años y medio.
c) Su misión principal será garantizar la preparación y continuidad de su labor y favorecer el consenso entre los países miembros.
d) Todas las respuestas son verdaderas.

78. El Consejo Europeo se reunirá:

a) Una vez por semestre por convocatoria de su Presidente.
b) Dos veces por semestre por convocatoria de su Presidente.
c) Tres veces por semestre o a petición de su Presidente.
d) Todas son falsas.

79. ¿Qué Presidente tiene un mandato máximo de dos años y medio?

a) El de la Comisión.
b) El del Consejo de la Unión Europea.
c) El del Consejo Europeo.
d) El del Banco Central Europeo.

80. ¿Cuál de las siguientes no es una formación del Consejo en la actualidad?

a) El Consejo de Empleo, Política Social, Salud y Consumidores.
b) El Consejo de Competitividad y Transparencia.
c) El Consejo de Transportes, Telecomunicaciones y Energía.
d) El Consejo de Agricultura y Pesca.

81. Respecto del Consejo Europeo:

a) Es el órgano legislativo ordinario.
b) No ejercerá función legislativa alguna.

c) Normalmente, el Consejo Europeo se reúne en Estrasburgo.

d) Es una figura de nueva creación en el Tratado de Lisboa.

82. Los diputados al Parlamento Europeo serán elegidos por sufragio:

a) Universal, directo, libre y secreto.

b) Universal, directo y libre.

c) Universal, igual, directo, secreto y libre.

d) Universal, secreto y libre.

83. Cuando la situación lo exija, se convocará una reunión extraordinaria del Consejo Europeo por:

a) Su Presidente.

b) Cualquier Estado.

c) El Presidente de la Comisión.

d) El Presidente del Consejo de la Unión Europea.

84. El Presidente del Consejo Europeo:

a) Asumirá en exclusiva la representación exterior de la Unión en los asuntos de política exterior y de seguridad común.

b) No podrá ejercer mandato nacional alguno, salvo la de Ministro.

c) Su mandato será renovable por una sola vez.

d) Todas las respuestas son verdaderas.

85. Salvo que los Tratados dispongan otra cosa, el Consejo Europeo se pronunciará por:

a) Consenso.

b) Mayoría cualificada.

c) Unanimidad.

d) Mayoría simple.

86. Una Decisión es:

a) Un acto jurídico vinculante que solamente puede tener un ámbito de aplicación general.

b) Un acto jurídico no vinculante que puede tener un ámbito de aplicación general o estar dirigido a un destinatario concreto.

c) Un acto jurídico vinculante que puede tener un ámbito de aplicación general o estar dirigido a un destinatario concreto.

d) Un acto jurídico vinculante que puede tener un ámbito de aplicación general o estar dirigido a un destinatario concreto, siendo en este caso únicamente los Estados miembros.

87. ¿Durante qué meses el Consejo celebra sus sesiones en Luxemburgo?

a) Abril, junio y octubre.
b) Abril, julio y octubre.
c) Abril, septiembre y diciembre.
d) Mayo, junio y octubre.

88. En el Tratado de la CECA existían las siguientes Instituciones:

a) Tres.
b) Cuatro.
c) Cinco.
d) Dos.

89. Las Directivas:

a) No tienen efecto directo en ningún caso.
b) Tienen efecto directo en todo caso.
c) Si la directiva es clara y detallada puede generar derechos aunque no esté transpuesta al Ordenamiento interno.
d) Si la directiva es clara y detallada puede generar derechos, pero tiene que estar ya transpuesta.

90. La composición del Parlamento Europeo se fijará:

a) Por el Consejo por unanimidad, a iniciativa del Parlamento y con su aprobación.
b) Por el Consejo Europeo por unanimidad, a iniciativa del Parlamento Europeo y con su aprobación.
c) Por la Comisión.
d) Por el Consejo Europeo por consenso, a iniciativa del Parlamento Europeo y con su aprobación.

91. ¿Qué Institución dará a la Unión los impulsos necesarios para su desarrollo y definirá sus orientaciones y prioridades políticas generales de la Unión Europea?

a) El Consejo.
b) La Comisión.
c) El Consejo Europeo.
d) El Parlamento.

92. ¿Qué Institución no tiene competencias legislativas?

a) El Parlamento.
b) El Consejo.
c) El Consejo Europeo.
d) Las tienen todas ellas.

93. ¿En qué caso se puede convocar una sesión extraordinaria al Consejo Europeo?

a) Cuando la situación lo exija.
b) Cuando exista urgencia.
c) Cuando lo requieran tres países miembros.
d) A propuesta del Consejo y de la Comisión.

94. ¿Qué Tratado se firma el 26 de febrero de 2001?

a) Lisboa.
b) Niza.
c) Ámsterdam.
d) Maastricht.

95. El Presidente del Consejo Europeo es elegido por:

a) El propio Consejo Europeo por mayoría cualificada por dos años y medio.
b) El propio Consejo Europeo por consenso por dos años y medio.
c) El propio Consejo Europeo por unanimidad por dos años y medio.
d) El Consejo de la Unión Europea por mayoría cualificada por dos años y medio.

96. De acuerdo con el artículo 15.6 del TUE, sin perjuicio de las atribuciones del Alto Representante de la Unión para Asuntos Exteriores y Política de Seguridad, ¿quién asumirá, de acuerdo con el TUE, en su rango y condición, la representación exterior de la Unión en los asuntos de política exterior y de seguridad común?

a) El Consejo Europeo.
b) El Presidente del Consejo Europeo.
c) El Presidente de la Comisión.
d) El Consejo.

97. ¿Qué formación del Consejo preparará las reuniones del Consejo Europeo?

a) El Consejo de Asuntos Generales.
b) El Consejo de Representantes Permanentes.
c) El Consejo de Política General.
d) El Consejo de Relaciones Generales.

98. El Consejo se divide en:

a) Formaciones.
b) Direcciones Generales.
c) Ministerios.
d) Secretarías Generales.

99. El Consejo se reunirá en público:

a) En todo caso.
b) Cuando delibere y vote sobre un proyecto de acto legislativo.
c) Para asuntos de política exterior.
d) En los asuntos que así lo acuerde el propio Consejo.

100. ¿Quién se encargará de preparar los trabajos del Consejo?

a) La Comisión.
b) Un Comité de Representantes Permanentes de los Gobiernos de los Estados miembros.
c) Un Consejo de Representantes Permanentes de los Gobiernos de los Estados miembros.
d) Los embajadores de los Estados miembros.

101. España tiene en la actualidad los siguientes diputados al Parlamento Europeo:

a) 50.
b) 59.
c) 65.
d) 61.

102. ¿Qué Institución promoverá el interés general de la Unión y tomará las iniciativas adecuadas con este fin?

a) El Consejo.
b) El Consejo Europeo.
c) La Comisión.
d) El Parlamento.

103. El Alto Representante de la Unión para Asuntos Exteriores y Política de Seguridad:

a) Contribuirá con sus propuestas a elaborar dicha política y la ejecutará como mandatario del Consejo y actuará del mismo modo en relación con la política común de seguridad y defensa.
b) El Alto Representante presidirá el Consejo de Asuntos Exteriores.
c) El Alto Representante será uno de los Vicepresidentes de la Comisión.
d) Todas son verdaderas.

104. Hasta la entrada en vigor del Tratado de Lisboa, el tercer pilar del TUE era:

a) Comunitario.
b) Política Exterior y Seguridad Común.
c) Cooperación y Política Exterior.
d) Cooperación de Justicia y Asuntos de Interior.

105. Excepto cuando los Tratados dispongan otra cosa, los actos legislativos de la Unión solo podrán adoptarse a propuesta:

a) De la Comisión.
b) Del Parlamento.
c) Del Consejo.
d) Del Consejo Europeo.

106. ¿Qué Institución tiene una responsabilidad colegiada ante el Parlamento?

a) El Consejo.
b) El Consejo Europeo.
c) La Comisión.
d) Todos ellas.

107. Tendrá un alcance general, será obligatorio en todos sus elementos y directamente aplicable en cada Estado miembro:

a) Reglamento.
b) Directiva.
c) Decisiones.
d) Todas son verdaderas.

108. Son normas de resultado y un instrumento para armonizar las legislaciones de los Estados miembros:

a) Reglamento.
b) Directiva.
c) Decisiones.
d) Todas son verdaderas.

109. En España corresponderá transponer la Directiva:

a) Al Estado o a las Comunidades Autónomas de acuerdo con sus competencias, aunque el responsable del cumplimiento ante la CE será el Estado español.
b) Al Estado.
c) A las Comunidades Autónomas.
d) Al Estado, Comunidades Autónomas y Entidades Locales.

110. Señala la respuesta correcta:

a) La Decisión será obligatoria en todos sus elementos para todos sus destinatarios.
b) La Decisión tiene carácter limitado, puesto que, aunque es obligatoria, no suele tener carácter general sino que va dirigida a destinatarios concretos.
c) La Decisión tiene destinatarios determinados, con la particularidad de que estos no son necesariamente Estados, sino que también pueden serlo los particulares.
d) Todas son verdaderas.

111. Las Recomendaciones y los Dictámenes:

a) Serán vinculantes.
b) No serán vinculantes.
c) Las Recomendaciones serán vinculantes y los Dictámenes nunca.
d) Las Recomendaciones nunca serán vinculantes y los Dictámenes serán vinculantes.

112. Será un acto atípico:

a) Las Recomendaciones y Dictámenes.
b) La costumbre.
c) El Reglamento.
d) Únicamente los Dictámenes.

113. Desde un punto de vista material, un Reglamento equivaldría en la legislación nacional española a:

a) Una Ley.
b) Un Real Decreto.
c) Una Orden.
d) Cualquiera de ellos.

114. Que el Reglamento tiene alcance general significa que su ámbito de aplicación se extiende a:

a) Las Instituciones.
b) Estados miembros.
c) Personas físicas y jurídicas, cualquiera que sea su naturaleza y el ámbito de funciones.
d) Todas son verdaderas.

115. El Reglamento:

a) Prevalece sobre cualquier norma estatal, excepto a la Constitución.
b) Prevalece sobre cualquier norma estatal.
c) Como norma, no cabe alegarlo ante los Tribunales.
d) Todas son falsas.

116. La Directiva:

a) En principio no tiene efecto directo.
b) Tiene efecto directo.
c) No tiene carácter obligatorio.
d) Como norma no precisa de su transposición al derecho interno de cada Estado.

117. La Directiva:

a) Tiene alcance general.
b) Sus destinatarios son concretos.

c) Los destinatarios tienen que ser todos los Estados miembros a la vez

d) Son de aplicación en todo caso a todos los particulares residentes en la Unión.

118. El Derecho derivado que pueden dictar las Instituciones se denomina:

a) Reglamento.

b) Directivas.

c) Decisiones.

d) Todas son verdaderas.

119. Son normas de resultado y un instrumento para armonizar las legislaciones de los Estados miembros:

a) Reglamento.

b) Directivas.

c) Decisiones.

d) Todas son verdaderas.

120. La libre circulación de personas conlleva:

a) La libertad de desplazamiento y residencia.

b) La libre circulación de trabajadores.

c) La libertad de establecimiento.

d) Todas son verdaderas.

121. Sin perjuicio de las limitaciones justificadas por razones de orden público, seguridad y salud públicas, la libre circulación de los trabajadores implicará el derecho:

a) De responder a ofertas efectivas de trabajo.

b) De desplazarse libremente para este fin en el territorio de los Estados miembros.

c) De residir en uno de los Estados miembros con objeto de ejercer en él un empleo, de conformidad con las disposiciones legales, reglamentarias y administrativas aplicables al empleo de los trabajadores nacionales.

d) Todas son verdaderas.

122. Quedarán prohibidas las restricciones a la libertad de establecimiento de los nacionales de un Estado miembro en el territorio de otro Estado miembro. Dicha prohibición se extenderá igualmente a las restricciones relativas a:

a) La apertura de agencias.

b) Sucursales por los nacionales de un Estado miembro establecidos en el territorio de otro Estado miembro.

c) Filiales por los nacionales de un Estado miembro establecidos en el territorio de otro Estado miembro.

d) Todas son verdaderas.

123. Dentro de la libertad de circulación de los servicios, los servicios comprenderán, en particular:

a) Actividades de carácter industrial, actividades de carácter mercantil, actividades artesanales y actividades propias de las profesiones liberales.
b) Actividades de carácter industrial, actividades artesanales y actividades propias de las profesiones liberales.
c) Actividades de carácter industrial, actividades de carácter mercantil y actividades propias de las profesiones liberales.
d) Actividades de carácter mercantil, actividades artesanales y actividades propias de las profesiones liberales.

124. Los ciudadanos de la Unión son titulares de los derechos y están sujetos a los deberes establecidos en los Tratados. Tienen, entre otras cosas, el derecho:

a) De circular y residir libremente en el territorio de los Estados miembros.
b) De sufragio activo y pasivo en las elecciones al Parlamento Europeo y en las elecciones municipales del Estado miembro en el que residan, en las mismas condiciones que los nacionales de dicho Estado.
c) De acogerse, en el territorio de un tercer país en el que no esté representado el Estado miembro del que sean nacionales, a la protección de las autoridades diplomáticas y consulares de cualquier Estado miembro en las mismas condiciones que los nacionales de dicho Estado.
d) Todas son verdaderas.

125. Todo ciudadano de la Unión que resida en un Estado miembro del que no sea nacional tendrá derecho a:

a) Ser elector y elegible en las elecciones municipales del Estado miembro en el que resida, en las mismas condiciones que los nacionales de dicho Estado.
b) Ser elector y elegible en las elecciones municipales y regionales del Estado miembro en el que resida, en las mismas condiciones que los nacionales de dicho Estado.
c) Ser elector y elegible en cualquiera de las elecciones del Estado miembro en el que resida, en las mismas condiciones que los nacionales de dicho Estado.
d) Todas son falsas.

126. Que una actividad sea incompatible con el Mercado Interior y queden prohibidos todos los acuerdos entre empresas, las decisiones de asociaciones de empresas y las prácticas concertadas que puedan afectar al comercio entre los Estados miembros se refiere a:

a) La libertad de circulación de mercancías.
b) La libertad de circulación de capitales.
c) La defensa de la competencia.
d) Las ayudas del Estado.

127. Se considerarán en libre práctica en un Estado miembro los productos:

a) Procedentes de los propios países de la Unión o terceros países respecto de los cuales se hayan cumplido, en dicho Estado miembro, las formalidades de importación y percibido los derechos de aduana y cualesquiera otras exacciones de efecto equivalente exigibles, siempre que no se hubieren beneficiado de una devolución total o parcial de los mismos.

b) Procedentes de terceros países respecto de los cuales se hayan cumplido, en dicho Estado miembro, las formalidades de importación y percibido los derechos de aduana y cualesquiera otras exacciones de efecto equivalente exigibles, siempre que no se hubieren beneficiado de una devolución total o parcial de los mismos.

c) Procedentes de terceros países respecto de los cuales se hayan cumplido, en dicho Estado miembro, las formalidades de importación y exportación y percibido los derechos de aduana y cualesquiera otras exacciones de efecto equivalente exigibles, incluso aunque se hubieren beneficiado de una devolución total o parcial de los mismos.

d) Todas son falsas.

128. Llevar a cabo una actividad económica de manera estable y continuada en otro Estado miembro se considera:

a) Libertad de servicios.
b) Libertad de establecimiento.
c) Libertad de circulación de personas.
d) Libertad de empresa.

129. Ofrecer y prestar sus servicios en otros Estados miembros de manera temporal sin abandonar su país de origen supone:

a) Libertad de servicios.
b) Libertad de establecimiento.
c) Libertad de circulación de personas.
d) Libertad de empresa.

130. La libertad de establecimiento comprende:

a) El acceso a las actividades no asalariadas y su ejercicio.
b) La constitución y gestión de empresas, especialmente sociedades.
c) Las respuestas a) y b) son falsas.
d) Las respuestas a) y b) son verdaderas.

131. La libre circulación de trabajadores supondrá la abolición de toda discriminación por razón de la nacionalidad entre los trabajadores de los Estados miembros, con respecto al:

a) Empleo, la retribución y las demás condiciones de trabajo.
b) Empleo exclusivamente.
c) Empleo, retribuciones y condiciones de seguridad.
d) Empleo y condiciones sociales y retributivas.

132. Sin perjuicio de las limitaciones justificadas por razones de orden público, seguridad y salud públicas, la libre circulación de los trabajadores implicará el derecho:

a) De responder a ofertas efectivas de trabajo.
b) De desplazarse libremente para este fin en el territorio de los Estados miembros.
c) De residir en uno de los Estados miembros con objeto de ejercer en él un empleo, de conformidad con las disposiciones legales, reglamentarias y administrativas aplicables al empleo de los trabajadores nacionales.
d) Todas son verdaderas.

133. De acuerdo con el TFUE, los Estados miembros facilitarán, en el marco de un programa común, el intercambio de:

a) Trabajadores.
b) Trabajadores mayores de 50 años.
c) Trabajadores mayores.
d) Trabajadores jóvenes.

134. Sin perjuicio del derecho de establecimiento, el prestador de un servicio podrá, con objeto de realizar dicha prestación:

a) Ejercer temporalmente su actividad en el Estado miembro donde se lleve a cabo la prestación, en las mismas condiciones que imponga ese Estado a sus propios nacionales.
b) Ejercer definitivamente su actividad en el Estado miembro donde se lleve a cabo la prestación, en las mismas condiciones que imponga ese Estado a sus propios nacionales.
c) Ejercer temporalmente su actividad en el Estado miembro donde se lleve a cabo la prestación, aunque en diferentes condiciones que imponga ese Estado a sus propios nacionales.
d) Ejercer temporal o definitivamente su actividad en el Estado miembro donde se lleve a cabo la prestación, en las mismas condiciones que imponga ese Estado a sus propios nacionales.

135. La liberalización de los servicios bancarios y de seguros vinculados a los movimientos de capitales se realizará en armonía con la liberalización de la circulación de:

a) Empresas.
b) Servicios.
c) Establecimiento.
d) Capitales.

136. ¿Cuál es un objetivo de la libertad de capitales?

a) Suprimir todas las restricciones a los movimientos de capitales entre los Estados miembros, así como entre Estados miembros y terceros países, con excepciones aplicables a ciertos casos.
b) Constituye la base del mercado único y complementa a las otras tres libertades.

c) Contribuir al crecimiento económico al permitir una inversión eficiente del capital, y promover el uso del euro como moneda internacional, contribuyendo así al papel de la Unión como actor global.

d) Todas son las respuestas son verdaderas.

137. El Tratado de la CECA entra en vigor el:

a) 25 de julio de 1952.
b) 1 de julio de 1952.
c) 31 de junio de 1952.
d) 25 de junio de 1952.

138. El periodo de duración del Tratado de la CECA era de:

a) No se establecía periodo de duración.
b) 40 años.
c) 25 años.
d) 50 años.

139. Los Tratados de Roma de 25 de marzo de 1957 por los que se crean la Comunidad Económica Europea (CEE) y la Comunidad Europea de la Energía Atómica (CEEA o EURATOM) se firman por:

a) Alemania, Gran Bretaña, Italia, Bélgica, Holanda, Luxemburgo.
b) Alemania, Francia, Italia, Bélgica, Holanda, Luxemburgo.
c) Francia, Italia, Bélgica, Holanda, Luxemburgo.
d) Alemania, Francia, Gran Bretaña, Bélgica, Holanda, Luxemburgo.

140. De acuerdo con el Tratado Constitutivo de la Comunidad Europea, la realización de las funciones asignadas a la Comunidad corresponderá a:

a) Una Asamblea, un Consejo, una Comisión y un Tribunal de Justicia.
b) Un Parlamento, un Consejo, una Comisión y un Tribunal de Justicia.
c) Una Asamblea, un Consejo y una Comisión.
d) Una Asamblea, un Consejo y un Tribunal de Justicia.

141. Son objetivos del Acta Única:

a) Establecimiento de un gran mercado sin fronteras.
b) Adopción de políticas estructurales y de apoyo a las regiones más atrasadas.
c) Cooperación en investigación y desarrollo.
d) Todos son objetivos.

142. El Tratado de Lisboa:

a) Modifica los dos textos fundamentales de la UE: el Tratado de la Unión Europea y el Tratado constitutivo de la Comunidad Europea.
b) El Tratado Constitutivo pasará a llamarse Tratado de Funcionamiento de la Unión Europea.

c) Entrará en vigor el 1 de diciembre de 2010.
d) Las respuestas a) y b) son verdaderas.

143. El Tratado de Niza entra en vigor:

a) El 1 de febrero de 2003.
b) El 1 de enero de 2003.
c) El 1 de febrero de 2002.
d) El 28 de febrero de 2003.

144. Según el Tratado Constitutivo, la CEE tenía como objetivos:

a) Una unión monetaria, la configuración de ciertas políticas comunes, la creación de un mercado europeo, y un mercado común que irá logrando poco a poco.
b) Una unión aduanera, la configuración de ciertas políticas comunes, la creación de un mercado europeo, y un mercado común que irá logrando poco a poco.
c) Una unión aduanera, una unión monetaria, la configuración de ciertas políticas comunes, la creación de un mercado europeo y un mercado común que irá logrando poco a poco.
d) Todas las respuestas son falsas.

145. Entre las principales modificaciones del TUE tras el Tratado de Lisboa se encuentra:

a) La sustitución de la Unión Europea y de la Comunidad Europea, por una sola "Unión Europea".
b) La creación de los tres pilares.
c) La eliminación de los tres pilares.
d) Las respuestas a) y c) son verdaderas.

146. La "comunitarización" del sistema de Schengen (libre circulación de personas sin barrera) se produce en:

a) El TUE.
b) El Tratado de Lisboa.
c) El TCE.
d) El Tratado de Ámsterdam.

147. ¿Qué Tratado se puede considerar como el primer intento de limitación de los poderes de las instituciones?

a) AUE.
b) Niza.
c) Ámsterdam.
d) TUE.

148. La primera elección por sufragio universal y directo del Parlamento se produce en:

a) 1979.
b) 1981.
c) 1977.
d) 1987.

149. El punto de partida para la Política Exterior y Seguridad Común fue establecido:

a) En el AUE.
b) En el Tratado Constitutivo CEE.
c) En Niza.
d) En el TUE.

150. Establecía el Tratado de Niza que, cuando el Consejo deba adoptar un acuerdo por mayoría cualificada, el voto de España equivaldrá a:

a) 29.
b) 27.
c) 25.
d) 23.

151. ¿En qué Tratado y respecto a la reforma de las Instituciones, la Asamblea pasa a denominarse Parlamento, se produce una presencia más coherente de la Comisión en las instituciones, se establece una nueva delimitación de las funciones del Tribunal de Justicia, se prevé la creación del Tribunal de Primera Instancia y en el Consejo se amplían las materias que se deben adoptar por mayorías cualificadas?

a) En el Acta Única.
b) En el Tratado de Ámsterdam.
c) En el Tratado de Niza.
d) En el Tratado de Lisboa.

152. El nombre del Diario Oficial cambia su denominación:

a) En Niza.
b) En el TUE.
c) En Ámsterdam.
d) Con la Constitución Europea.

153. En el Tratado de Niza, para fomentar la cooperación en materia de protección social entre los Estados miembros y con la Comisión, se creará un:

a) Comité de Coordinación en materia social.
b) Comité de Protección Social, de carácter consultivo.
c) Comité consultivo de Protección Social y Familiar.
d) No se regula.

154. De la Conferencia de Messina surgió:

a) El Tratado de Niza.
b) El Tratado de Roma.
c) El TUE.
d) El AUE.

155. Los Tratados de Roma de 25 de marzo de 1957, por los que se crean la Comunidad Económica Europea (CEE) y la Comunidad Europea de la Energía Atómica (CEEA o EURATOM) se firman por:

a) Alemania, Gran Bretaña, Italia, Bélgica, Holanda, Luxemburgo.
b) Alemania, Francia, Italia, Bélgica, Holanda, Luxemburgo.
c) Francia, Italia, Bélgica, Holanda, Luxemburgo.
d) Alemania, Francia, Gran Bretaña, Bélgica, Holanda, Luxemburgo.

156. En el proceso de construcción de la Unión Europea, ¿cuáles fueron los Tratados originarios firmados y el número de países fundadores?

a) Tratados de la CECA, de la CEE y de la Unión Europea, firmados por los seis países fundadores, entre los años 1951 y 1958.
b) Tratados de la CEE, de la CEEA y de la Unión Europea, firmado por los nuevos países fundadores.
c) Tratados de la CECA, CEE y de la CEEA, firmados por los seis países fundadores.
d) Tratados de la CECA, de la CEE y Acta Única Europea, firmados por los seis países fundadores.

157. Tras la desaparición de la CECA, su patrimonio:

a) Se transfiere a la Comunidad Europea.
b) Desaparece.
c) Se crea un órgano para la investigación en materia del carbón y del acero.
d) Se transfiere a los Estados miembros que la crearon, para destinarlo a gastos de investigación en materia del carbón y del acero.

158. Hasta la entrada en vigor del Tratado de Lisboa, el tercer pilar del TUE era:

a) Comunitario.
b) Política Exterior y Seguridad Común.
c) Cooperación y Política Exterior.
d) Cooperación de Justicia y Asuntos de Interior.

159. ¿Qué Tratado se firma el 26 de febrero de 2001?

a) Lisboa.
b) Niza.
c) Ámsterdam.
d) Maastricht.

160. En el Tratado de la CECA existían las siguientes Instituciones:

a) Tres.
b) Cuatro.
c) Cinco.
d) Dos.

161. ¿Qué Tratado regula el mercado interior como una de las innovaciones más importantes, y que por ello va a permitir crear y desarrollar en un futuro el mercado único europeo, eliminando las barreras a las fronteras que existían hasta ese momento?

a) Lisboa.
b) Niza.
c) Ámsterdam.
d) Acta Única.

162. En el Tratado de Ámsterdam:

a) La política de empleo se ve reforzada, fomentando una estrategia coordinada.
b) Todo el acervo jurídico de Schengen se comunitariza, facilitando la realización de la libre circulación de personas y mercancías en el territorio de la UE y la supresión de fronteras internas.
c) Se comunitarizan también las materias relativas a visados, asilo, inmigración y otras políticas relacionadas con la libre circulación de personas.
d) Todas son verdaderas.

163. ¿A qué Instituciones afecta esencialmente en su composición el Tratado de Niza?

a) Al Parlamento.
b) A la Comisión y al Consejo.
c) Al Parlamento y al Consejo.
d) Al Consejo, al Parlamento y al Tribunal de Justicia.

164. El Tratado Roma entró en vigor:

a) El 1 de enero de 1957.
b) El 1 de enero de 1958.
c) El 1 de enero de 1959.
d) El 1 de diciembre de 1958.

165. El Alto Representante de la Política Exterior y de Seguridad Común se creó en el Tratado de:

a) Niza.
b) Ámsterdam.
c) TUE.
d) Roma.

166. En los casos específicos previstos por los Tratados (procedimiento legislativo especial), los actos legislativos podrán ser adoptados por iniciativa de:

a) Un grupo de Estados miembros o del Parlamento Europeo, por recomendación del Banco Central Europeo o a petición del Tribunal de Justicia o del Banco Europeo de Inversiones.

b) Tres Estados miembros o del Parlamento Europeo, por recomendación del Banco Central Europeo o a petición del Tribunal de Justicia o del Banco Europeo de Inversiones.

c) Un grupo de Estados miembros o del Parlamento Europeo, por recomendación del Banco Central Europeo o a petición del Tribunal de Justicia o del Banco Europeo de Inversiones, o del Tribunal de Cuentas.

d) Todas son falsas.

167. Respecto a la iniciativa legislativa tras el Tratado de Lisboa:

a) Un grupo de al menos quinientas mil firmas de ciudadanos de la Unión, que sean nacionales de un número significativo de Estados miembros, podrá tomar la iniciativa de invitar a la Comisión Europea, en el marco de sus atribuciones, a que presente una propuesta adecuada sobre cuestiones que estos ciudadanos estimen que requieren un acto jurídico de la Unión para los fines de la aplicación de los Tratados.

b) Un grupo de al menos un millón de ciudadanos de la Unión, que sean nacionales de un número significativo de Estados miembros, podrá tomar la iniciativa de invitar al Parlamento, en el marco de sus atribuciones, a que presente una propuesta adecuada sobre cuestiones que estos ciudadanos estimen que requieren un acto jurídico de la Unión para los fines de la aplicación de los Tratados.

c) Un grupo de al menos un millón de ciudadanos de la Unión, que sean nacionales de una cuarta parte de Estados miembros, podrá tomar la iniciativa de invitar a la Comisión Europea, en el marco de sus atribuciones, a que presente una propuesta adecuada sobre cuestiones que estos ciudadanos estimen que requieren un acto jurídico de la Unión para los fines de la aplicación de los Tratados.

d) Todas las respuestas son falsas.

Solución al test n.º 1

1. a) El Tribunal de Justicia, el Tribunal General y los tribunales especializados.

2. a) Un representante de cada Estado miembro, de rango ministerial, facultado para comprometer al Gobierno del Estado miembro al que represente y para ejercer el derecho de voto.

3. c) Mayoría cualificada.

4. c) La Comisión.

5. c) El Consejo Europeo, por mayoría cualificada.

6. b) El Parlamento Europeo, el Consejo y la Comisión estarán asistidos por un Comité Económico y Social y por un Comité de las Regiones que ejercerán funciones consultivas.

7. d) Todas las respuestas son verdaderas.

8. c) Cinco años.

9. a) Conjuntamente por el Consejo y el Parlamento, por un procedimiento especial.

10. a) La representación de cada miembro ante la UE.

11. a) 14.

12. a) 5 años.

13. b) Bruselas.

14. b) Renovable.

15. d) Por mayoría del número de miembros.

16. a) Luxemburgo.

17. d) Todas las respuestas son verdaderas.

18. a) La circunscripción electoral sea única para todo el territorio nacional.

19. a) El Consejo.

20. a) Solamente los nacionales de los Estados miembros podrán ser miembros de la Comisión.

21. d) Todas las respuestas son verdaderas.

22. a) Todo miembro de la Comisión que deje de reunir las condiciones necesarias para el ejercicio de sus funciones o haya cometido una falta grave podrá ser cesado por el Tribunal de Justicia, a instancia del Consejo, por mayoría simple, o de la Comisión.

23. a) Un juez por Estado miembro y 11 abogados generales.

24. b) Cinco años.

25. b) Polonia.

26. d) La tercera parte de los diputados que integran el Parlamento.

27. d) 23 diputados, que representen al menos a una cuarta parte de los Estados miembros.

28. d) Dos años y medio, prorrogable por otros dos años y medio.

29. c) El Defensor del Pueblo.

30. b) Consejo.

31. b) Se reunirá sin necesidad de previa convocatoria el segundo martes de marzo.

32. a) Estrasburgo (Francia).

33. b) Cualquier ciudadano de la Unión, así como cualquier persona física o jurídica que resida o tenga su domicilio social en un Estado miembro.

34. a) Su número no excederá de setecientos cincuenta, más el Presidente.

35. b) Solo podrá pronunciarse sobre dicha moción transcurridos tres días como mínimo desde la fecha de su presentación y en votación pública.

36. d) El Parlamento Europeo, el Consejo, la Comisión, el Tribunal de Justicia, el Tribunal de Cuentas, el Banco Central Europeo y el Consejo Europeo.

37. b) El Consejo.

38. a) Si la moción de censura es aprobada por mayoría de dos tercios de los votos emitidos que representen, a su vez, la mayoría de los diputados que componen el Parlamento Europeo, los miembros de la Comisión deberán dimitir colectivamente de sus cargos y el Alto Representante de la Unión para Asuntos Exteriores y Política de Seguridad deberá dimitir del cargo que ejerce en la Comisión.

39. a) Seis.

40. b) Mayoría simple.

41. a) Como un mínimo del 55 % de los miembros del Consejo que incluya al menos a quince de ellos, que represente a Estados miembros que reúnan como mínimo el 65 % de la población de la Unión.

42. a) El Consejo de Asuntos Generales y el Consejo de Asuntos Exteriores.

43. c) Un número de miembros correspondiente a los dos tercios del número de Estados miembros, a menos que el Consejo Europeo decida por unanimidad modificar dicho número.

44. a) Al menos 4 países, que representen, como mínimo, al 35 % de la población total de la UE.

45. c) Tres años y su mandato será renovable.

46. c) Una Secretaría General.

47. d) Todas son verdaderas.

48. d) El Comité Económico y Social tendrá su sede en La Haya.

49. a) Al Consejo de la Unión Europea.

50. c) La duración del periodo de sesiones será de un año.

51. a) Es rotatoria cada 6 meses.

52. b) Con excepción de la de Asuntos Exteriores, será desempeñada por los representantes de los Estados miembros en el Consejo mediante un sistema de rotación igual.

53. a) El Consejo de Asuntos Exteriores.

54. d) Todas las respuestas son verdaderas.

55. d) Por mayoría simple, podrá pedir a la Comisión que proceda a efectuar todos los estudios que él considere oportunos para la consecución de los objetivos comunes y que le someta las propuestas pertinentes. Si la Comisión no presenta propuesta alguna, comunicará las razones al Consejo.

56. c) De entre personalidades que ofrezcan plenas garantías de independencia.

57. a) El Presidente.

58. d) El Consejo Europeo, por mayoría cualificada.

59. d) Una cooperación leal.

60. c) Serán estructuradas y repartidas entre sus miembros por el Presidente.

61. b) La Comisión.

62. c) 6 y 96.

63. a) No inscritos.

64. b) 5.

65. d) Todas ellas.

66. a) Cualquier ciudadano de la Unión, así como cualquier persona física o jurídica que resida o tenga su domicilio social en un Estado miembro, tendrá derecho a presentar al Parlamento Europeo, individualmente o asociado con otros ciudadanos o personas, una petición sobre un asunto propio de los ámbitos de actuación de la Unión que le afecte directamente.

67. a) Un mínimo del 72 % de los miembros del Consejo.

68. a) Parlamento Europeo.

69. d) 720, incluido el Presidente.

70. d) Acta Única.

71. d) Los jueces del Tribunal de Justicia.

72. c) El Alto Representante de la Unión para Asuntos Exteriores y Política de Seguridad.

73. b) Como votos en contra.

74. b) Dos por cada Estado.

75. a) Los Jefes de Estado o de Gobierno de los Estados miembros, así como por su Presidente y por el Presidente de la Comisión. Participará en sus trabajos el Alto Representante de la Unión para Asuntos Exteriores y Política de Seguridad.

76. b) El Consejo Europeo y el Banco Central.

77. d) Todas las respuestas son verdaderas.

78. b) Dos veces por semestre por convocatoria de su Presidente.

79. c) El del Consejo Europeo.

80. b) El Consejo de Competitividad y Transparencia.

81. b) No ejercerá función legislativa alguna.

82. a) Universal, directo, libre y secreto.

83. a) Su Presidente.

84. c) Su mandato será renovable por una sola vez.

85. a) Consenso.

86. c) Un acto jurídico vinculante que puede tener un ámbito de aplicación general o estar dirigido a un destinatario concreto.

87. a) Abril, junio y octubre.

88. b) Cuatro.

89. c) Si la directiva es clara y detallada puede generar derechos aunque no esté transpuesta al Ordenamiento interno.

90. b) Por el Consejo Europeo por unanimidad, a iniciativa del Parlamento Europeo y con su aprobación.

91. c) El Consejo Europeo.

92. c) El Consejo Europeo.

93. a) Cuando la situación lo exija.

94. b) Niza.

95. a) El propio Consejo Europeo por mayoría cualificada por dos años y medio.

96. b) El Presidente del Consejo Europeo.

97. a) El Consejo de Asuntos Generales.

98. a) Formaciones.

99. b) Cuando delibere y vote sobre un proyecto de acto legislativo.

100. b) Un Comité de Representantes Permanentes de los Gobiernos de los Estados miembros.

101. d) 61.

102. c) La Comisión.

103. d) Todas son verdaderas.

104. d) Cooperación de Justicia y Asuntos de Interior.

105. a) De la Comisión.

106. c) La Comisión.

107. a) Reglamento.

108. b) Directiva.

109. a) Al Estado o a las Comunidades Autónomas de acuerdo con sus competencias, aunque el responsable del cumplimiento ante la CE será el Estado español.

110. d) Todas son verdaderas.

111. b) No serán vinculantes.

112. b) La costumbre.

113. a) Una Ley.

114. d) Todas son verdaderas.

115. b) Prevalece sobre cualquier norma estatal.

116. a) En principio no tiene efecto directo.

117. b) Sus destinatarios son concretos.

118. d) Todas son verdaderas.

119. b) Directivas.

120. d) Todas son verdaderas.

121. d) Todas son verdaderas.

122. d) Todas son verdaderas.

123. a) Actividades de carácter industrial, actividades de carácter mercantil, actividades artesanales y actividades propias de las profesiones liberales.

124. d) Todas son verdaderas.

125. a) Ser elector y elegible en las elecciones municipales del Estado miembro en el que resida, en las mismas condiciones que los nacionales de dicho Estado.

126. c) La defensa de la competencia.

127. b) Procedentes de terceros países respecto de los cuales se hayan cumplido, en dicho Estado miembro, las formalidades de importación y percibido los derechos de aduana y cualesquiera otras exacciones de efecto equivalente exigibles, siempre que no se hubieren beneficiado de una devolución total o parcial de los mismos.

128. b) Libertad de establecimiento.

129. a) Libertad de servicios.

130. d) Las respuestas a) y b) son verdaderas.

131. a) Empleo, la retribución y las demás condiciones de trabajo.

132. d) Todas son verdaderas.

133. d) Trabajadores jóvenes.

134. a) Ejercer temporalmente su actividad en el Estado miembro donde se lleve a cabo la prestación, en las mismas condiciones que imponga ese Estado a sus propios nacionales.

135. d) Capitales.

136. d) Todas las respuestas son verdaderas.

137. a) 25 de julio de 1952.

138. d) 50 años.

139. b) Alemania, Francia, Italia, Bélgica, Holanda, Luxemburgo.

140. a) Una Asamblea, un Consejo, una Comisión y un Tribunal de Justicia.

141. d) Todos son objetivos.

142. d) Las respuestas a) y b) son verdaderas.

143. a) El 1 de febrero de 2003.

144. b) Una unión aduanera, la configuración de ciertas políticas comunes, la creación de un mercado europeo, y un mercado común que irá logrando poco a poco.

145. d) Las respuesta a) y c) son verdaderas.

146. d) El Tratado de Ámsterdam.

147. a) AUE.

148. a) 1979.

149. a) En el AUE.

150. b) 27.

151. a) En el Acta Única.

152. a) En Niza.

153. b) Comité de Protección Social, de carácter consultivo.

154. b) El Tratado de Roma.

155. b) Alemania, Francia, Italia, Bélgica, Holanda, Luxemburgo.

156. c) Tratados de la CECA, CEE y de la CEEA, firmados por los seis países fundadores.

157. a) Se transfiere a la Comunidad Europea.

158. d) Cooperación de Justicia y Asuntos de Interior.

159. b) Niza.

160. b) Cuatro.

161. d) Acta Única.

162. d) Todas son verdaderas.

163. c) Al Parlamento y al Consejo.

164. b) El 1 de enero de 1958.

165. b) Ámsterdam.

166. a) Un grupo de Estados miembros o del Parlamento Europeo, por recomendación del Banco Central Europeo o a petición del Tribunal de Justicia o del Banco Europeo de Inversiones.

167. c) Un grupo de al menos un millón de ciudadanos de la Unión, que sean nacionales de una cuarta parte de Estados miembros, podrá tomar la iniciativa de invitar a la Comisión Europea, en el marco de sus atribuciones, a que presente una propuesta adecuada sobre cuestiones que estos ciudadanos estimen que requieren un acto jurídico de la Unión para los fines de la aplicación de los Tratados.

La Constitución Española de 1978

1. ¿En qué se fundamenta la Constitución Española?

a) En un Estado social y democrático de Derecho.
b) En la indisoluble unidad de la Nación española.
c) En la independencia de los poderes del Estado.
d) En la organización territorial del Estado.

2. Según el artículo 3 de la CE, el castellano es la lengua oficial del Estado y todos los españoles:

a) Tienen el deber de usar y el derecho de conocer el castellano.
b) Tienen el derecho y el deber de conocer el castellano.
c) Tienen el deber de conocer y el derecho de usar el castellano.
d) Tienen el derecho de conocer y usar el castellano.

3. La Constitución Española reconoce y garantiza el derecho a la autonomía:

a) De las nacionalidades que la integran.
b) De las regiones que la integran.
c) De las Comunidades Autónomas que la integran.
d) De las nacionalidades y regiones que la integran.

4. El Preámbulo de la Constitución:

a) Tiene en sí carácter de norma jurídica.
b) Es una declaración de intenciones, destinada a interpretar lo que se quiere alcanzar con el contenido normativo de la Constitución.
c) Se trata de un texto sin fuerza jurídica de obligar.
d) Las respuestas b) y c) son correctas.

5. Señala la respuesta correcta respecto de la aprobación, ratificación y publicación de la Constitución Española:

a) Aprobada por las Cortes el 31 de octubre de 1978, ratificada por el pueblo en referéndum el 6 de diciembre de 1978 y publicada el 29 de diciembre de 1978.

b) Aprobada por las Cortes el 30 de octubre de 1978, ratificada por el pueblo en referéndum el 16 de diciembre de 1978 y publicada el 27 de diciembre de 1978.

c) Aprobada por las Cortes el 31 de octubre de 1978, ratificada por el pueblo en referéndum el 16 de diciembre de 1978 y publicada el 29 de diciembre de 1978.

d) Aprobada por las Cortes el 10 de octubre de 1978, ratificada por el pueblo en referéndum el 26 de diciembre de 1978 y publicada el 30 de diciembre de 1978.

6. ¿En qué parte de la Carta Magna se establece la exposición de motivos que impulsan la norma constitucional y los objetivos que con ella se pretenden alcanzar?

a) En el Título Preliminar.

b) En el Preámbulo.

c) En el Título I.

d) En el Título II.

7. La Constitución Española fue sancionada por:

a) El Rey.

b) El Presidente del Congreso.

c) Las Cortes Generales.

d) El Presidente del Gobierno.

8. ¿Cuáles de los siguientes españoles de origen pueden ser privados de su nacionalidad?

a) Exclusivamente los miembros de grupos terroristas.

b) Los miembros de grupos terroristas y los que atenten contra el Rey u otro miembro de la Casa Real.

c) Los que atenten contra un miembro de la Familia Real o del Gobierno de la Nación.

d) Ningún español de origen podrá ser privado de su nacionalidad.

9. Según la CE son fundamentos del orden político y la paz social:

a) La dignidad de la persona, los derechos violables que les son inherentes y el respeto a la ley.

b) La dignidad de la persona, el desarrollo limitado de la personalidad y el respeto a la ley.

c) El respeto a la ley, a los reglamentos administrativos y demás disposiciones legales.

d) La dignidad de la persona, los derechos inviolables que le son inherentes, el libre desarrollo de su personalidad, el respeto a la ley y a los derechos de los demás.

10. ¿Cuál de los siguientes es considerado por la CE como uno de los valores superiores del ordenamiento jurídico?

a) La jerarquía normativa.
b) El pluralismo político.
c) La publicidad normativa.
d) La equidad.

11. La forma política del Estado español es:

a) Democracia parlamentaria.
b) Gobierno parlamentario.
c) Monarquía parlamentaria.
d) República democrática.

12. La parte de la CE que regula la estructura de los principales órganos del Estado recibe el nombre de:

a) Parte dogmática.
b) Parte orgánica.
c) Parte estatal.
d) Parte estructural.

13. Según la CE, la soberanía nacional:

a) Corresponde a las Cortes Generales, al estar compuestas por los representantes del pueblo.
b) Corresponde al Rey.
c) Reside en el pueblo español.
d) Corresponde al Gobierno de la Nación elegido directamente por el pueblo.

14. El derecho a la propiedad en nuestra Constitución es un Derecho:

a) Inherente a la condición humana.
b) Absoluto.
c) Limitado por la función social de la misma.
d) Ninguna de las respuestas anteriores es correcta.

15. ¿En qué parte de la Carta Magna se señalan los valores superiores del ordenamiento jurídico?

a) En el Preámbulo.
b) En el Título Preliminar.
c) En el Título I.
d) Ninguna respuesta es correcta.

16. ¿Cuál de las siguientes es una de las características de nuestra Constitución de 1978?

a) Consensuada.
b) Corta.
c) Conservadora.
d) Originalidad.

17. Son el fundamento del orden político y de la paz social:

a) El libre desarrollo de la personalidad.
b) Los derechos inviolables que les son inherentes.
c) El respeto a la ley y a los derechos de los demás.
d) Todas las respuestas son correctas.

18. ¿Qué quedará excluido de extradición?

a) Los delitos criminales.
b) Los delitos políticos.
c) Los actos de terrorismo.
d) Ninguno.

19. ¿Qué debe ser democrático, a tenor de lo dispuesto en la Constitución Española, en los sindicatos de trabajadores y las asociaciones empresariales?

a) Su funcionamiento.
b) Su estructura interna.
c) Su funcionamiento y estructura interna.
d) Sus órganos asamblearios.

20. ¿De cuántos Capítulos consta el Título I de la CE de 1978?

a) De tres.
b) De cinco.
c) De dos.
d) De cuatro.

21. Dispone la Carta Magna que todos contribuirán al sostenimiento de los gastos públicos de acuerdo con su capacidad económica mediante un sistema tributario justo inspirado en los principios de:

a) Legalidad y equidad.
b) Igualdad y progresividad.
c) Publicidad y legalidad.
d) Eficacia y sostenibilidad.

22. Los signatarios de una moción de censura no pueden presentar otra en:

a) La misma legislatura.
b) El mismo período de sesiones.
c) En ningún momento.
d) En la misma Cámara.

23. Las interpelaciones al Gobierno de la Nación pueden dar lugar, por sí mismas, a:

a) Una moción.
b) Una moción de censura.
c) Una cuestión de confianza.
d) Todo lo anterior.

24. El ámbito donde es posible una mayor discrecionalidad por parte del Gobierno de la Nación es en la:

a) Aplicación de la ley.
b) Potestad reglamentaria.
c) Dirección de la política.
d) Función ejecutiva.

25. La función representativa de los miembros del Gobierno de la Nación se manifiesta en:

a) La Jefatura de los Ministerios.
b) Su estatuto personal como tales miembros.
c) Su mandato parlamentario.
d) Ninguna forma.

26. La propuesta del Rey de candidato a la Presidencia del Gobierno de la Nación se canaliza a través del:

a) Presidente del Congreso de los Diputados.
b) Gobierno de la Nación en pleno.
c) Senado y Congreso de los Diputados.
d) Grupo político mayoritario.

27. La confianza al candidato a Presidente del Gobierno de la Nación se otorga, en primera vuelta, por:

a) Mayoría absoluta de las Cortes Generales.
b) Mayoría absoluta del Congreso de los Diputados.
c) Mayoría simple del Congreso de los Diputados.
d) Mayoría simple de las Cortes Generales.

28. Según la Constitución, una norma que imponga una nueva pena más leve para un delito:

a) No se aplica retroactivamente.
b) Puede aplicarse retroactivamente.
c) Ha de ser reglamentaria.
d) Atenta contra el principio de legalidad penal si se aplica retroactivamente.

29. Todos los españoles, respecto al castellano, tienen el:

a) Derecho-deber de conocerlo.
b) Derecho de usar y deber de conocerlo.
c) Derecho-deber de usarlo.
d) Nada de lo anterior.

30. La capital del Estado en España es:

a) La propia de cada Comunidad Autónoma.
b) La villa de Madrid.
c) Aquella donde se establezca en cada momento el Gobierno de la Nación.
d) Aquella en la que resida generalmente el Rey.

31. El Título de la Constitución que trata de la reforma constitucional es el:

a) Primero.
b) Décimo.
c) Noveno.
d) Undécimo.

32. El Defensor del Pueblo se regula en el siguiente Título y Capítulo de la Constitución, respectivamente:

a) Preliminar y 1º.
b) Segundo y 4º.
c) Segundo y 3º.
d) Primero y 4º.

33. El Título de la misma que trata del Gobierno y la Administración es el:

a) Tercero.
b) Cuarto.
c) Quinto.
d) Sexto.

34. Los principios rectores de la política social y económica se regulan en el siguiente Capítulo y Título de la Constitución:

a) Segundo del Primero.
b) Tercero del Primero.
c) Tercero del Preliminar.
d) Primero del Séptimo.

35. La derogación de una norma posconstitucional que vaya en contra de la Constitución se efectúa por el/la/las:

a) Propia Constitución.
b) Tribunal Constitucional.
c) Cortes Generales.
d) Gobierno de la Nación.

36. El pluralismo político, para nuestra Constitución, es un/una:

a) Principio General del ordenamiento político.
b) Valor superior del ordenamiento jurídico.
c) Principio rector de la política social y económica.
d) Derecho fundamental.

37. La forma política del Estado español es:

a) Unitaria y regionalizada.
b) Federal.
c) La Monarquía Parlamentaria.
d) La propia de un Estado Social y Democrático.

38. La justicia, según nuestra Constitución, es un/una:

a) Principio de nuestro ordenamiento jurídico.
b) Valor superior del anterior.
c) Manifestación del Estado democrático.
d) Todo lo anterior.

39. Un español de origen puede perder esta nacionalidad:

a) Por sanción administrativa.
b) Cuando libremente renuncie a la misma.
c) Por condena penal.
d) En ningún caso.

40. Constituye el fundamento del orden político y de la paz social, según la Constitución, el/la/los:

a) Derechos inviolables inherentes a la persona.
b) Estado social y democrático de Derecho.
c) Seguridad jurídica.
d) Justicia.

41. Las Comunidades Autónomas deben usar o instalar la bandera española:

a) En sus edificios.
b) En los actos oficiales.
c) Cuando lo solicite el Delegado del Gobierno de la Nación en las mismas.
d) Cuando lo estimen oportuno.

42. Deben tener una estructura interna y un funcionamiento democrático los/las:

a) Partidos Políticos.
b) Colegios Profesionales.
c) Organizaciones Profesionales.
d) Todos ellos.

43. La defensa de la integridad territorial de España se atribuye por la Constitución a/al/a las:

a) Fuerzas y Cuerpos de Seguridad.
b) Fuerzas Armadas.
c) Gobierno de la Nación.
d) Todas las anteriores.

44. El Título de la Constitución que trata de las relaciones entre el Gobierno y las Cortes Generales es el:

a) Cuarto.
b) Quinto.
c) Sexto.
d) Tercero.

45. La Constitución entró en vigor:

a) Al día siguiente de su publicación en el Boletín Oficial del Estado.
b) El 27 de diciembre de 1978.
c) El 29 de diciembre de 1978.
d) Al ser aprobada en la sesión conjunta por el Congreso de los Diputados y el Senado.

46. En virtud del principio de progresividad tributaria:

a) Se implantarán paulatinamente cada vez mayores tributos.
b) Los tipos impositivos serán regresivos.
c) Prima el principio de igualdad en el pago de los tributos.
d) Nada de lo expuesto es cierto.

47. Además de en la vida económica y política, los poderes públicos deben fomentar la participación de los ciudadanos en la vida:

a) Cultural.
b) Social.
c) Corporativa.
d) Las respuestas a) y b) son correctas.

48. El derecho a la vida se consagra en el siguiente artículo de la Constitución:

a) 10.
b) 16.
c) 15.
d) 24.

49. La pena de muerte en España:

a) Ha quedado abolida.
b) Puede aplicarse en cualquier momento.
c) Solo se aplicará, en tiempo de guerra, a los militares.
d) Rige solo en el ámbito civil.

50. La inmediata puesta a disposición judicial derivada del habeas corpus, se produce por:

a) Detención ilegal.
b) Prisión ilegal.
c) Prisión preventiva.
d) Detención preventiva.

51. El proceso en el que se enjuicie a un presunto delincuente debe:

a) Ser sumario.
b) No dilatarse.
c) Entorpecer los instrumentos probatorios.
d) Nada de lo anterior es cierto.

52. La entrada en un domicilio en caso de flagrante delito, sin autorización de su titular:

a) Puede dar lugar a la aplicación del habeas corpus.
b) Requiere autorización previa de la autoridad judicial.
c) Puede efectuarse en todo momento.
d) No puede realizarse en momento alguno.

53. Cuando, al conocerse la comisión de un delito por una persona, se acude a su domicilio para detenerla:

a) Está obligada a franquear la entrada.
b) Se necesitará autorización judicial para entrar, si no da su consentimiento para ello.
c) Pese a que no dé su consentimiento, se puede entrar.
d) Nada de lo anterior es correcto.

54. La autorización previa para celebrar una manifestación pública:

a) La da el Subdelegado del Gobierno en la Provincia.
b) Es ineludible.
c) Sería inconstitucional.
d) Se da cuando no se prevean alteraciones al orden público, con peligro para personas o bienes.

55. El tipo de sufragio que consagra la Constitución es el:

a) Proporcional.
b) Universal.
c) Censitario.
d) Las respuestas a) y b) son correctas.

56. Además de la no autoinculpación, la Constitución prevé que no se está obligado a declarar sobre un hecho presuntamente delictivo en caso de:

a) Parentesco y afinidad.
b) Cláusula de conciencia.
c) Secreto profesional.
d) Las respuestas a) y b) son correctas.

57. Los Tribunales de Honor están prohibidos respecto de los/la/las:

a) Sindicatos y Organizaciones Profesionales.
b) Administración Civil y Militar.
c) Organizaciones Profesionales y la Administración Civil.
d) Todas las respuestas anteriores son correctas.

58. El secreto profesional, constitucionalmente, sirve para:

a) Ejercer con libertad una profesión titulada.
b) La libertad de creación científica y técnica.
c) No declarar sobre hechos presuntamente delictivos.
d) Todo lo anterior.

59. La fundación de una Internacional Sindical por un sindicato español:

a) Es libre.
b) Está prohibida.
c) Debe plasmarse en un Tratado Internacional.
d) Nada de lo anterior es cierto.

60. El ejercicio del derecho de petición a través de una manifestación ciudadana:

a) No se admite.
b) Se admite en algún caso.
c) Se admite, salvo para los militares.
d) Ni se admite ni se prohíbe.

61. Nuestro sistema tributario ha de ser:

a) Regresivo e igualitario.
b) Progresivo y generalizado.
c) Confiscatorio.
d) Justo y regresivo.

62. El nombramiento del Defensor del Pueblo se efectuará por un período de:

a) 7 años.
b) 9 años.
c) 5 años.
d) 3 años.

63. Según la Constitución Española, arbitra y modera el funcionamiento regular de las instituciones:

a) El Presidente del Gobierno.
b) El Rey.
c) El Estado.
d) Los tribunales de Justicia.

64. Las abdicaciones y renuncias y cualquier duda de hecho o de derecho que ocurra en el orden de sucesión a la Corona se resolverán:

a) Por ley.
b) Por decreto ley.
c) Por decisión de las Cortes Generales.
d) Por ley orgánica.

65. Si no hubiese a quien corresponda la Regencia, esta será nombrada por:

a) Las Cortes Generales.
b) El Congreso de los Diputados.
c) El Senado.
d) El Gobierno.

66. No necesita de refrendo:

a) Declarar la guerra y hacer la paz.
b) Expedir los decretos acordados en Consejo de Ministros.
c) Nombrar y relevar a los miembros civiles y militares de la Casa Real.
d) Todos los actos del Rey necesitan refrendo.

67. ¿A quién corresponde manifestar el consentimiento del Estado para obligarse por medio de tratados?

a) Al Rey.
b) Al Gobierno.
c) Al Estado.
d) Al Presidente del Gobierno.

68. El Defensor del Pueblo se configura constitucionalmente como alto comisionado:

a) Del pueblo.
b) De las Cortes Generales.
c) Del Poder Judicial.
d) Del Gobierno.

69. Los Reglamentos sobre funcionamiento y organización, y régimen de su personal y servicios del Tribunal Constitucional se aprueban por el/las:

a) Cortes Generales.
b) Salas del mismo.
c) Pleno del propio Tribunal.
d) Presidente del Tribunal.

70. Si el príncipe heredero contrae matrimonio contra la expresa prohibición de las Cortes Generales:

a) No podrá casarse.
b) Podrá casarse, pero no podrá vivir en el palacio real.
c) Deberá antes de pedir autorización a las Cortes para poder contraerlo.
d) Será excluido en la sucesión de la corona.

71. Según el art. 59.5 de la Carta Magna, la Regencia se ejercerá:

a) Por mandato constitucional y en nombre del pueblo español.
b) Por mandato constitucional y en nombre de las Cortes Generales.
c) Por mandato constitucional y en nombre de la soberanía popular.
d) Por mandato constitucional y en nombre del Rey.

72. Las Cámaras se reúnen en sesiones:

a) Ordinarias y extraordinarias.
b) Simples o conjuntas.
c) Ordinarias, extraordinarias y conjuntas.
d) Ordinarias, extraordinarias y de urgencia.

73. Para adoptar acuerdos, las Cámaras deben estar reunidas reglamentaria-mente y con asistencia de la mayoría de sus miembros. Dichos acuerdos, para ser válidos, deberán ser aprobados:

a) Por la mayoría de los miembros presentes.
b) Por mayoría absoluta de sus miembros.
c) Por los 3/5 de cada una de las Cámaras.
d) Por los 2/3 del conjunto de las Cámaras.

74. ¿En qué plazo deberá ser convocado el Congreso electo tras la celebración de elecciones?

a) Entre los 30 y 60 días siguientes.
b) Dentro de los 25 días siguientes.
c) Entre los 10 y 30 días siguientes.
d) Dentro de los 30 días siguientes.

75. En las causas contra Diputados y Senadores será competente:

a) La Sala de lo Civil del Tribunal Supremo.
b) La Sala de lo Social del Tribunal Supremo.
c) La Sala de lo Contencioso-Administrativo del Tribunal Supremo.
d) La Sala de lo Penal del Tribunal Supremo.

76. Las Diputaciones Permanentes estarán presididas por:

a) El diputado de mayor edad.
b) El diputado del grupo parlamentario más numeroso.
c) El Presidente del Gobierno.
d) El Presidente de la Cámara respectiva.

77. ¿Cuántos Senadores corresponderán a Menorca?

a) 1.
b) 2.
c) 3.
d) 4.

78. Puede plantear un conflicto negativo de competencias entre el Estado y las Comunidades Autónomas, ante el Tribunal Constitucional:

a) Un particular afectado por el mismo.
b) Las Cortes Generales y los Parlamentos Autonómicos.
c) Solo el Gobierno de la Nación y los Consejos de Gobierno de dichas Comunidades Autónomas.
d) El Defensor del Pueblo.

79. ¿De qué órgano constitucional depende el Tribunal de Cuentas?

a) Del Gobierno.
b) Del Tribunal Supremo.
c) Del Congreso de los Diputados.
d) De las Cortes Generales.

80. Las sesiones conjuntas del Senado y del Congreso serán presididas:

a) Por el Rey.
b) Por el Presidente del Gobierno.
c) Por el Presidente del Congreso.
d) Por el Presidente del Senado.

81. Las sentencias del Tribunal Constitucional han de publicarse en el:

a) Diario Oficial de las Cortes Generales.
b) Boletín Oficial del Estado.
c) Periódico de mayor circulación de la capital de España.
d) Tablón de Anuncios del propio Tribunal.

82. Los Senadores por provincias se elegirán por:

a) Sufragio universal, libre, igual, directo y secreto.
b) Sufragio directo, libre, igual, directo y secreto.
c) Sufragio internacional, directo, igual y secreto.
d) Sufragio universal, libre, secreto, igual y secreto.

83. Para que un Diputado o Senador pueda ser inculpado o procesado será requisito indispensable:

a) Que así lo determine el Tribunal Supremo.
b) Que así lo determine el Tribunal Constitucional.
c) Que así lo determine la Audiencia Nacional.
d) Que así lo autorice su respectiva Cámara.

84. ¿Cuántas salas tiene el Tribunal Constitucional y de cuántos Magistrados se componen cada una de ellas?

a) Las Salas son tres, compuestas cada una por cuatro Magistrados.
b) Las Salas son dos, compuestas cada una por seis Magistrados.
c) Las Salas son tres, compuestas cada una por seis Magistrados.
d) Las Salas son dos, compuestas cada una por cuatro Magistrados.

85. ¿Cuál de las siguientes no es una de las cuatro Salas que integran la Audiencia Nacional?

a) De lo Contencioso-Administrativo.
b) De lo Penal.
c) De lo Civil.
d) De Apelación.

86. ¿Cuál es la Sala Tercera del Tribunal Supremo?

a) De lo Contencioso-Administrativo.
b) De lo Social.
c) De lo Penal.
d) De lo Militar.

87. ¿Cuántos Vocales integran el Consejo General del Poder Judicial?

a) Diez.
b) Doce.
c) Quince.
d) Veinte.

88. ¿Cuál de los siguientes no es uno de los órganos del Consejo General del Poder Judicial?

a) La Comisión de Calificación.
b) La Comisión Permanente.
c) La Comisión Disciplinaria.
d) La Comisión de Igualdad.

89. ¿A quién corresponde ejercer la alta inspección de Tribunales, así como la supervisión y coordinación de la actividad inspectora ordinaria de los Presidentes y Salas de Gobierno de los Tribunales?

a) Al Tribunal Supremo.
b) Al Ministro de Justicia.
c) Al Consejo General del Poder Judicial.
d) Al Tribunal Constitucional.

90. ¿Por cuántos años es nombrado el Presidente de Tribunal Constitucional?

a) Por tres.
b) Por cuatro.
c) Por cinco.
d) Por seis.

91. Señala la respuesta correcta:

a) El Congreso de los Diputados es la Cámara de representación territorial.
b) Las poblaciones de Ceuta y Melilla elegirán cada una de ellas un Senador.
c) Son electores y elegibles todos los españoles que estén en pleno uso de sus derechos políticos.
d) El art. 68 de la Carta Magna dispone que el Congreso se compone de un mínimo de 350 y un máximo de 400 Diputados.

92. La asunción de funciones constitucionales por la Reina consorte:

a) Está prevista como regla general.
b) Depende de la voluntad del Rey.
c) Está prohibida.
d) Está limitada.

93. La tutoría del Rey puede recaer en:

a) Cualquier persona nombrada por las Cortes Generales, en su caso.
b) Sus hijos.

c) Una, tres o cinco personas.
d) Nada de lo anterior es cierto.

94. Una hija del Príncipe de Asturias ostentará este tratamiento:

a) Cuando su padre acceda a la condición de Rey, si es la primogénita, aunque tenga hermanos varones.
b) Al morir su padre.
c) Al acceder a Rey su padre, si no tiene hermano varón.
d) Cuando delegue en ella el propio Príncipe.

95. La Regencia se ejerce:

a) Por mandato del Rey.
b) En nombre de este.
c) Por mandato constitucional.
d) Las respuestas b) y c) son correctas.

96. La dirección de la defensa del Estado es competencia genuina del/de las:

a) Rey.
b) Fuerzas Armadas.
c) Gobierno de la Nación.
d) Todos ellos.

97. El refrendo de los actos del Rey está íntimamente relacionado con:

a) Su irresponsabilidad política.
b) Su inhabilitación.
c) La Regencia.
d) Sus poderes discrecionales.

98. En caso de que el Rey sea menor de edad:

a) No tomará posesión de su cargo hasta su mayoría de edad.
b) Ejercerá la Regencia el Príncipe heredero.
c) Ejercerá la Regencia su cónyuge.
d) Nada de lo anterior es cierto.

99. Si el Príncipe heredero tuviera descendientes y renunciara a sus derechos al trono:

a) Su cónyuge ejercería la Regencia hasta que su primogénito varón fuere mayor de edad.
b) Su cónyuge ejercería la Regencia hasta que dicho primogénito fuera proclamado Rey.
c) Se nombraría Princesa heredera a su hermana mayor, si la hubiere.
d) Nada de lo anterior es cierto.

100. La presidencia por el Rey de las reuniones del Consejo de Ministros:

a) Se permite solo respecto de las decisorias.
b) Ha de efectuarse a petición del Presidente del Gobierno de la Nación.
c) Está prevista constitucionalmente para dirigir la Administración Civil y Militar.
d) Las respuestas a) y b) son ciertas.

101. El juramento lo prestará el Rey ante el/las:

a) Cortes Generales.
b) Gobierno de la Nación.
c) Miembros de la Familia Real.
d) Pueblo español.

102. Si se agotan todas las líneas llamadas a la sucesión en la Corona de España, se:

a) Nombran Regentes.
b) Proveerá a la sucesión en la Corona por las Cortes Generales.
c) Proclama la República.
d) Establece una Dictadura.

103. La inhabilitación del Rey se reconoce por el/los/las:

a) Gobierno de la Nación.
b) Congreso de los Diputados.
c) Cortes Generales.
d) Tres Poderes constitucionales.

104. El Regente nombrado en defecto de padre, madre, pariente mayor de edad o Príncipe heredero mayor de edad se designa por el/las:

a) Propio Rey.
b) Cortes Generales.
c) Congreso de los Diputados.
d) Consejo de Regencia.

105. El número mínimo de Diputados previstos para el Congreso de los Diputados es de:

a) 250.
b) 300.
c) 400.
d) 350.

106. No es incompatible para ser elegido Diputado del Congreso de los Diputados un:

a) Militar en activo.
b) Miembro de una Junta Electoral.
c) Juez.
d) Ministro.

107. La Palma elige los siguientes Senadores:

a) Ninguno.
b) Dos.
c) Uno.
d) Cuatro.

108. La declaración del estado de sitio debe hacerla el/las:

a) Gobierno de la Nación.
b) Rey.
c) Congreso de los Diputados.
d) Presidente del Gobierno de la Nación.

109. El Presidente de la Diputación Permanente del Congreso de los Diputados es el:

a) Del partido mayoritario.
b) Portavoz del partido con mayor número de escaños.
c) Presidente de la Cámara.
d) Elegido por los Portavoces de los Grupos Parlamentarios.

110. El mínimo de miembros integrantes de una Comisión de Investigación según el artículo 76 de la Constitución es de:

a) Veintiuno.
b) Mayoría simple.
c) Mayoría absoluta.
d) No se establece.

111. No puede solicitar la celebración de una sesión extraordinaria de las Cortes Generales el/la:

a) Mayoría absoluta de sus miembros.
b) Diputación Permanente de ellas.
c) Mesa de cada Cámara.
d) Gobierno de la Nación.

112. ¿Qué Título de la Constitución está dedicado a la regulación del Gobierno?

a) El Título III.
b) El Título IV.
c) El Título V.
d) El Título VII.

113. ¿Cuál de las siguientes figuras no es imprescindible en la composición del Gobierno?

a) El Presidente.
b) Los Ministros.
c) Los Vicepresidentes.
d) Los Vicepresidentes y los Ministros.

114. ¿Cuál de los siguientes órganos indicados es un órgano superior de un departamento ministerial?

a) El Secretario de Estado.
b) El Director General.
c) El Secretario General.
d) El Secretario General Técnico.

115. Declarado el estado de alarma:

a) Se dará cuenta al Consejo de Ministros, sin cuya autorización no podrá ser prorrogado el plazo inicial.
b) Se dará cuenta al Rey, sin cuya autorización no podrá ser prorrogado el plazo inicial de duración.
c) Se dará cuenta al Congreso de los Diputados, sin cuya autorización no podrá ser prorrogado dicho plazo.
d) Se dará cuenta al Congreso de los Diputados, siendo improrrogable el plazo inicialmente marcado para la duración del estado de alarma.

116. La moción de censura no podrá ser votada hasta que, desde su presentación, hayan transcurrido:

a) Cinco días.
b) Siete días.
c) Diez días.
d) Treinta días.

117. ¿Ante quién responde solidariamente el Gobierno de su gestión política?

a) Ante el pueblo español.
b) Ante las Cortes Generales.

c) Ante el Congreso de los Diputados.
d) Ante el Rey.

118. La disolución de las Cámaras será decretada por:

a) El Rey.
b) El Presidente del Congreso.
c) El Presidente del Gobierno.
d) El Gobierno de la Nación.

119. El ámbito territorial, duración y condiciones del estado de sitio serán determinados por:

a) Las Cortes Generales.
b) El Congreso.
c) El Rey.
d) El Gobierno.

120. ¿Qué mayoría es necesaria para que se entienda aprobada una moción de censura?

a) Mayoría simple.
b) Mayoría absoluta.
c) Mayoría de 2/3.
d) Mayoría de 1/3.

121. ¿Qué artículo de la Constitución recoge los principios a los que debe ajustarse la Administración en su actuación?

a) El artículo 103.
b) El artículo 102.
c) El artículo 104.
d) El artículo 106.

122. ¿Quién nombra a los Ministros?

a) El Presidente del Gobierno.
b) El Rey con refrendo del Presidente del Congreso.
c) El Rey con refrendo del Presidente del Gobierno.
d) El Rey con refrendo del Presidente de las Cortes.

123. ¿Cuál es el plazo, pasado el cual, si ningún candidato alcanza la mayoría necesaria para ser nombrado Presidente del Gobierno, se debe proceder a la convocatoria de nuevas elecciones?

a) Un mes desde la primera votación.
b) Dos meses desde la primera votación.

c) Dos meses desde la segunda votación.
d) Dos meses desde la tercera votación.

124. La disolución de las Cámaras, por transcurso de dos meses desde la primera votación de investidura, sin obtención de la confianza parlamentaria por los candidatos, se refrenda por el:

a) Presidente del Gobierno de la Nación.
b) Rey.
c) Presidente del Congreso de los Diputados.
d) No necesita refrendo.

125. El Gobierno de la Nación, en relación con los Presupuestos Generales del Estado:

a) Los aprueba.
b) Los convalida.
c) Aprueba su Proyecto de Ley.
d) Los ratifica.

126. Señala la opción correcta. La Asamblea Legislativa de una Comunidad Autónoma:

a) Se elige por sufragio universal, directo y secreto del pueblo de la Comunidad Autónoma, de acuerdo con el criterio de representación proporcional.
b) Su Cámara Baja cuenta con Junta de Portavoces y Grupos Parlamentarios.
c) Designa a todos los Senadores y a un Diputado por cada millón de habitantes de su Comunidad.
d) Se elige de acuerdo con el criterio de representación mayoritaria y lista cerrada.

127. El contenido básico de los Estatutos de Autonomía aparece recogido:

a) En cada Estatuto de Autonomía.
b) En el artículo 148 de la CE.
c) En el artículo 147 de la CE.
d) En el artículo 151 de la CE.

128. El Delegado del Gobierno en las Comunidades Autónomas es un órgano:

a) De las comunidades Autónomas.
b) De la Administración Institucional.
c) De la Administración Central del Estado.
d) De la Administración Territorial del Estado.

129. En caso de conflicto entre normas estatales y las de las Comunidades Autónomas, ¿cuáles prevalecen?

a) Las del Estado en todo caso.
b) Las de las Comunidades Autónomas, en todo caso.

c) Las del Estado, en todo lo que no esté atribuido a la exclusiva competencia de las Comunidades Autónomas.

d) Las de las Comunidades Autónomas, en todo aquello que no esté atribuido a la competencia exclusiva del Estado.

130. Tienen derecho a acceder a la autonomía:

a) Solamente las regiones históricas.

b) Todas las regiones naturales, respetando la estructura de sus comarcas tradicionales.

c) Entre otros territorios, las provincias limítrofes con características históricas, culturales y económicas comunes.

d) Aquellas regiones que vieron plebiscitado favorablemente su Estatuto en la Segunda República.

131. El contenido de los Estatutos de Autonomía aparece recogido:

a) En cada Estatuto de Autonomía.

b) En el artículo 148 de la Constitución.

c) En el artículo 147 de la Constitución.

d) En el artículo 145 de la Constitución.

132. Los Estatutos:

a) No pueden ser reformados hasta pasados cinco años.

b) Deben ser reformados a los cinco años.

c) Solo pasados cinco años la reforma puede ampliar las competencias asumidas en su principio.

d) Solo pueden ser reformados con motivo de la reforma de la propia Constitución.

133. El cauce para acceder al autogobierno es:

a) Único y obligatorio, comenzando por la vía del artículo 143 y continuando por la vía del artículo 151.

b) De dos vías independientes y voluntarias, la del artículo 143 y la del 151, si bien existen previsiones constitucionales que modifican algunos requisitos de acceso al autogobierno de determinados territorios.

c) Plural en cuanto a las posibles vías de acceso, pero obligatorio y determinante para las regiones naturales e históricas.

d) Una vía para los territorios que vieron plebiscitados sus Estatutos en el pasado, la del 151, y otra vía, la del 143 para todos los demás territorios que pretendan acceder al autogobierno.

134. Las competencias sobre materias que no se hayan asumido por los Estatutos de Autonomía, corresponden:

a) A la Asamblea Legislativa de la Comunidad Autónoma.

b) Al Tribunal Constitucional.

c) Al Estado, cuyas normas prevalecerán en caso de conflicto, sobre las de la Comunidad Autónoma en todo lo que no esté atribuido a la competencia de estas.

d) A la Diputación provincial.

135. Las Comunidades Autónomas, dentro del aspecto legislativo:

a) No tienen ninguna competencia, ya que se trata de una materia de exclusiva titularidad estatal.

b) Pueden dictar normas propias en materia de competencia estatal, sin necesidad de ningún requisito.

c) Pueden dictar normas que son de obligado cumplimiento para todo el territorio nacional.

d) Pueden dictar normas propias en materia de competencia estatal, siempre que se ajusten a los principios fijados por una norma estatal y dicha facultad les sea atribuida por las Cortes Generales.

136. ¿Cuál de las siguientes afirmaciones es correcta?

a) La provincia es una entidad local menor.

b) La provincia es una asociación de carácter natural.

c) La provincia es una persona jurídica institucional.

d) La provincia es una entidad local con personalidad jurídica propia.

137. La iniciativa autonómica, según el art. 143 de la CE, corresponde:

a) A las Cortes Generales, que aprobarán posteriormente el Estatuto mediante Ley Orgánica.

b) Al Senado como Cámara representativa del territorio.

c) A los Senadores y Diputados de las provincias cuyos territorios aspiran al autogobierno.

d) A las Diputaciones interesadas o al órgano interinsular correspondiente y las dos terceras partes de los Ayuntamientos de cada provincia, cuya población equivalga, además, a la mayoría del censo electoral de cada provincia o isla.

138. Para que las Comunidades Autónomas puedan ampliar sucesivamente sus competencias, será preciso el tránsito de un plazo de:

a) Seis meses en materia de carácter urbanístico.

b) Seis años en materia de Asistencia Social.

c) Cinco años.

d) Doce meses en materia de Sanidad e Higiene.

139. Las materias no atribuidas expresamente al Estado por la Constitución, podrán corresponder a:

a) Las provincias, a través de los Planes provinciales de obras y servicios.

b) Las Comunidades Autónomas, en virtud de sus respectivos Estatutos.

c) Los Municipios, a través de Ordenanzas y Reglamentos locales.
d) Las Entidades locales.

140. Para autorizar la constitución de una Comunidad Autónoma cuyo ámbito territorial no supere el de una provincia, se necesita:

a) Decreto-Ley.
b) Decreto-Legislativo.
c) No se necesita dicha autorización.
d) Ninguna es cierta.

141. En la vía común para constituirse en Comunidad Autónoma, se deben cumplir los siguientes requisitos:

a) Iniciativa de las 3/4 partes de los Municipios y mayoría del censo electoral.
b) Iniciativa de todas las Diputaciones y 3/4 partes de los Municipio.
c) Iniciativa de los 2/3 de las Diputaciones y de los Municipios.
d) Ninguna es cierta.

142. Las Asambleas Legislativas de las Comunidades Autónomas:

a) Pueden estar formadas por varias Cámaras.
b) Solo estarán formada por una Cámara.
c) Pueden formarse con un máximo de dos Cámaras.
d) El número de Cámaras lo decide cada Estatuto.

143. La existencia del Presidente Autonómico, Asamblea Legislativa y Consejo de Gobierno es, según la Constitución:

a) Obligatoria para todas las Comunidades Autónomas.
b) Obligatoria para las de la vía especial.
c) Potestativa para las de la vía común.
d) Las respuestas b y c son correctas.

144. En la vía especial de acceso a la autonomía, los territorios que en el pasado no plebiscitaron positivamente un proyecto de Estatuto:

a) No deben realizar Referéndum para ratificar la iniciativa.
b) Deben realizar dicho Referéndum.
c) Dicho Referéndum es potestativo.
d) No está previsto realizar dicho Referéndum.

145. Los requisitos para que Ceuta y Melilla se constituyan en Comunidad Autónoma son:

a) Ley Orgánica de las Cortes y acuerdo por mayoría simple del Ayuntamiento.
b) Solo Ley Orgánica de las Cortes.

c) Ley Ordinaria y acuerdo por mayoría absoluta de las Cortes.

d) Ley Orgánica de las Cortes y acuerdo por mayoría absoluta del Ayuntamiento.

146. Las competencias establecidas en el artículo 148 de la Constitución:

a) Son asumidas por las Comunidades Autónomas.

b) Podrán ser asumidas por las Comunidades Autónomas.

c) Son las exclusivas del Estado.

d) Este artículo no regula competencias.

147. El representante ordinario del Estado en la Comunidad Autónoma es el:

a) Delegado del Gobierno.

b) Presidente de la Comunidad Autónoma.

c) Ministro para las Administraciones Públicas.

d) Las respuestas a y b son correctas.

148. El llamado Principio de Prevalencia del Derecho Estatal, recogido en el artículo 149.3 de la Constitución:

a) Significa que las normas del Estado prevalecerán siempre sobre las normas de las Comunidades Autónomas.

b) Significa que las normas del Estado prevalecerán solamente sobre las normas reglamentarias de las Comunidades Autónomas.

c) Significa que las normas del Estado prevalecerán, en caso de conflicto, sobre las de las Comunidades Autónomas en todo lo que no esté atribuido a la exclusiva competencia de estas.

d) Significa que las normas del Estado, prevalecerán sobre las de las Comunidades Autónomas, solamente cuando estas últimas ejerzan la función administrativa de competencias compartidas.

149. Según la Disposición Transitoria Cuarta de la Constitución, Ceuta y Melilla necesitan para constituirse en Comunidad Autónoma:

a) Decisión por mayoría simple de su Diputación y Ley Ordinaria.

b) Decisión por mayoría absoluta de sus Ayuntamientos y Ley Orgánica.

c) Decisión por mayoría simple de sus Ayuntamientos y Ley Orgánica.

d) Ninguna es correcta.

150. Los territorios que en el pasado no plebiscitaron Estatutos de Autonomía:

a) Deben acceder a la Autonomía por la vía común.

b) Pueden acceder a la Autonomía por la vía especial.

c) No pueden acceder a la Autonomía por la vía especial.

d) Las respuestas a y c son correctas.

151. Señala la respuesta incorrecta respecto al Tribunal Constitucional:

a) Se organiza a través de las figuras del Presidente, el Pleno, las Salas y las Secciones.
b) El Presidente, será nombrado entre sus miembros por el Rey, a propuesta del mismo Tribunal en Pleno y por un período de tres años.
c) El Pleno lo preside el Presidente del Tribunal y, en su defecto, el Vicepresidente y, a falta de ambos, el Magistrado de mayor edad.
d) La distribución de asuntos entre las Salas del Tribunal se efectuará según un turno establecido por el Pleno a propuesta de su Presidente.

152. Para la adopción de los acuerdos de las Secciones del Tribunal Constitucional, se requerirá:

a) La presencia siempre de sus tres miembros.
b) La presencia de dos miembros, salvo que haya discrepancia, requiriéndose entonces la de sus tres miembros.
c) La presencia de tres miembros, salvo que haya discrepancia, requiriéndose entonces la de sus cinco miembros.
d) La presencia siempre de sus cinco miembros.

153. Los miembros del Tribunal Constitucional deberán ser nombrados entre Magistrados y Fiscales, Profesores de Universidad, Funcionarios Públicos y Abogados, todos ellos Juristas de reconocida competencia:

a) Con más de veinte años de ejercicio profesional.
b) Con más de quince años de ejercicio profesional.
c) Con más de doce años de ejercicio profesional.
d) Con más de diez años de ejercicio profesional.

154. ¿Quién nombra a los miembros del Tribunal Constitucional?

a) El Rey.
b) El Presidente del Gobierno.
c) Las Cortes Generales.
d) El Presidente del Tribunal Constitucional.

155. ¿Cuántos de los miembros del Tribunal Constitucional son propuestos por el Consejo General del Poder Judicial?

a) Cuatro.
b) Tres.
c) Dos.
d) Ninguno.

Solución al test n.º 2

1. b) En la indisoluble unidad de la Nación española.

2. c) Tienen el deber de conocer y el derecho de usar el castellano.

3. d) De las nacionalidades y regiones que la integran.

4. d) Las respuestas b) y c) son correctas.

5. a) Aprobada por las Cortes el 31 de octubre de 1978, ratificada por el pueblo en referéndum el 6 de diciembre de 1978 y publicada el 29 de diciembre de 1978.

6. b) En el Preámbulo.

7. a) El Rey.

8. d) Ningún español de origen podrá ser privado de su nacionalidad.

9. d) La dignidad de la persona, los derechos inviolables que le son inherentes, el libre desarrollo de su personalidad, el respeto a la ley y a los derechos de los demás.

10. b) El pluralismo político.

11. c) Monarquía parlamentaria.

12. b) Parte orgánica.

13. c) Reside en el pueblo español.

14. c) Limitado por la función social de la misma.

15. b) En el Título Preliminar.

16. a) Consensuada.

17. d) Todas las respuestas son correctas.

18. b) Los delitos políticos.

19. c) Su funcionamiento y estructura interna:

20. b) De cinco.

21. b) Igualdad y progresividad.

22. b) El mismo período de sesiones.

23. a) Una moción.

24. c) Dirección de la política.

25. c) Su mandato parlamentario.

26. a) Presidente del Congreso de los Diputados.

27. b) Mayoría absoluta del Congreso de los Diputados.

28. b) Puede aplicarse retroactivamente.

29. b) Derecho de usar y deber de conocerlo.

30. b) La villa de Madrid.

31. b) Décimo.

32. d) Primero y 1º.

33. b) Cuarto.

34. b) Tercero del Primero.

35. a) Propia Constitución.

36. b) Valor superior del ordenamiento jurídico.

37. c) La Monarquía Parlamentaria.

38. b) Valor superior del anterior.

39. b) Cuando libremente renuncie a la misma.

40. a) Derechos inviolables inherentes a la persona.

41. b) En los actos oficiales.

42. d) Todos ellos.

43. b) Fuerzas Armadas.

44. b) Quinto.

45. c) El 29 de diciembre de 1978.

46. d) Nada de lo expuesto es cierto.

47. d) Las respuestas a) y b) son correctas.

48. c) 15.

49. a) Ha quedado abolida.

50. a) Detención ilegal.

51. b) No dilatarse.

52. c) Puede efectuarse en todo momento.

53. b) Se necesitará autorización judicial para entrar, si no da su consentimiento para ello.

54. c) Sería inconstitucional.

55. b) Universal.

56. c) Secreto profesional.

57. c) Organizaciones Profesionales y la Administración Civil.

58. c) No declarar sobre hechos presuntamente delictivos.

59. a) Es libre.

60. a) No se admite.

61. b) Progresivo y generalizado.

62. c) 5 años.

63. b) El Rey.

64. d) Por ley orgánica.

65. a) Las Cortes Generales.

66. c) Nombrar y relevar a los miembros civiles y militares de la Casa Real.

67. a) Al Rey.

68. b) De las Cortes Generales.

69. c) Pleno del propio Tribunal.

70. d) Será excluido en la sucesión de la corona.

71. d) Por mandato constitucional y en nombre del Rey.

72. c) Ordinarias, Extraordinarias y Conjuntas.

73. a) Por la mayoría de los miembros presentes.

74. b) Dentro de los 25 días siguientes.

75. d) La Sala de lo Penal del Tribunal Supremo.

76. d) El Presidente de la Cámara respectiva.

77. a) 1.

78. a) Un particular afectado por el mismo.

79. d) De las Cortes Generales.

80. c) Por el Presidente del Congreso.

81. b) Boletín Oficial del Estado.

82. a) Sufragio universal, libre, igual, directo y secreto.

83. d) Que así lo autorice su respectiva Cámara.

84. b) Las Salas son dos, compuestas cada una por seis Magistrados.

85. c) De lo Civil.

86. a) De lo Contencioso-Administrativo.

87. d) Veinte.

88. a) La Comisión de Calificación..

89. c) Al Consejo General del Poder Judicial.

90. a) Por tres.

91. c) Son electores y elegibles todos los españoles que estén en pleno uso de sus derechos políticos.

92. d) Está limitada.

93. a) Cualquier persona nombrada por las Cortes, en su caso.

94. c) Al acceder a Rey su padre, si no tiene hermano varón.

95. d) Las respuestas b) y c) son correctas.

96. c) Gobierno de la Nación.

97. a) Su irresponsabilidad política.

98. d) Nada de lo anterior es cierto.

99. c) Se nombraría Princesa heredera a su hermana mayor, si la hubiere.

100. b) Ha de efectuarse a petición del Presidente del Gobierno de la Nación.

101. a) Cortes Generales.

102. b) Proveerá a la sucesión en la Corona por las Cortes Generales.

103. c) Cortes Generales.

104. b) Cortes Generales.

105. b) 300.

106. d) Ministro.

107. c) Uno.

108. c) Congreso de los Diputados.

109. c) Presidente de la Cámara.

110. d) No se establece.

111. c) Mesa de cada Cámara.

112. b) El Título IV.

113. c) Los Vicepresidentes.

114. a) El Secretario de Estado.

115. c) Se dará cuenta al Congreso de los Diputados, sin cuya autorización no podrá ser prorrogado dicho plazo.

116. a) Cinco días.

117. c) Ante el Congreso de los Diputados.

118. a) El Rey.

119. b) El Congreso.

120. b) Mayoría absoluta.

121. a) El artículo 103.

122. c) El Rey con refrendo del Presidente del Gobierno.

123. b) Dos meses desde la primera votación.

124. c) Presidente del Congreso de los Diputados.

125. c) Aprueba su Proyecto de Ley.

126. a) Se elige por sufragio universal, directo y secreto del pueblo de la Comunidad Autónoma, de acuerdo con el criterio de representación proporcional.

127. a) En cada Estatuto de Autonomía.

128. d) De la Administración Periférica del Estado.

129. c) Las del Estado, en todo lo que no esté atribuido a la exclusiva competencia de las Comunidades Autónomas.

130. c) Entre otros territorios, las provincias limítrofes con características históricas, culturales y económicas comunes.

131. a) En cada Estatuto de Autonomía.

132. c) Solo pasados cinco años la reforma puede ampliar las competencias asumidas en su principio.

133. d) Una vía para los territorios que vieron plebiscitados sus Estatutos en el pasado, la del 151, y otra vía, la del 143 para todos los demás territorios que pretendan acceder al autogobierno.

134. c) Al Estado, cuyas normas prevalecerán en caso de conflicto, sobre las de la Comunidad Autónoma en todo lo que no esté atribuido a la competencia de estas.

135. d) Pueden dictar normas propias en materia de competencia estatal, siempre que se ajusten a los principios fijados por una norma estatal y dicha facultad les sea atribuida por las Cortes Generales.

136. d) La provincia es una entidad local con personalidad jurídica propia.

137. d) A las Diputaciones interesadas o al órgano interinsular correspondiente y las dos terceras partes de los Ayuntamientos de cada provincia, cuya población equivalga, además, a la mayoría del censo electoral de cada provincia o isla.

138. c) Cinco años.

139. b) Las Comunidades Autónomas, en virtud de sus respectivos Estatutos.

140. d) Ninguna es cierta.

141. d) Ninguna es cierta.

142. b) Solo estarán formada por una Cámara.

143. d) Las respuestas b y c son correctas.

144. b) Deben realizar dicho Referéndum.

145. d) Ley Orgánica de las Cortes y acuerdo por mayoría absoluta del Ayuntamiento.

146. b) Podrán ser asumidas por las Comunidades Autónomas.

147. b) Presidente de la Comunidad Autónoma.

148. c) Significa que las normas del Estado prevalecerán, en caso de conflicto, sobre las de las Comunidades Autónomas en todo lo que no esté atribuido a la exclusiva competencia de estas.

149. b) Decisión por mayoría absoluta de sus Ayuntamientos y Ley Orgánica de autorización.

150. b) Pueden acceder a la Autonomía por la vía especial.

151. c) El Pleno lo preside el Presidente del Tribunal y, en su defecto, el Vicepresidente y, a falta de ambos, el Magistrado de mayor edad.

152. b) La presencia de dos miembros, salvo que haya discrepancia, requiriéndose entonces la de sus tres miembros.

153. b) Con más de quince años de ejercicio profesional.

154. a) El Rey.

155. c) Dos.

El Estatuto de Autonomía de Castilla-La Mancha.
La organización territorial de Castilla-La Mancha

1. No está recogido expresamente en el Estatuto de Autonomía de Castilla-La Mancha:

a) Consejo Consultivo.
b) El Presidente de la Junta de Comunidades.
c) La ciudad de Toledo como sede de las Cortes de Castilla-La Mancha.
d) La ciudad de Albacete como sede del Tribunal Superior de Justicia de Castilla-La Mancha.

2. Según el Estatuto de Autonomía de Castilla-La Mancha, en materia de productos farmacéuticos, corresponde a la Junta de Comunidades:

a) La función ejecutiva.
b) El desarrollo legislativo únicamente.
c) La competencia exclusiva.
d) El desarrollo legislativo y la ejecución.

3. Según el Estatuto de Autonomía de Castilla-La Mancha:

a) La moción de censura no podrá ser votada hasta que transcurran diez días desde su presentación.
b) La cuestión de confianza podrá ser utilizada respecto de la Ley de Presupuestos de la región.
c) La cuestión de confianza sobre cualquier tema de interés regional no podrá ser planteada más de una vez en cada periodo de sesiones.
d) La cuestión de confianza sobre un proyecto de ley no podrá ser planteada más de una vez en cada periodo de sesiones.

4. Según el Estatuto de Autonomía de Castilla-La Mancha, en materia de espacios naturales protegidos corresponde a la Junta de Comunidades:

a) La función ejecutiva.
b) El desarrollo legislativo y la ejecución.
c) El desarrollo legislativo únicamente.
d) La competencia exclusiva.

5. Gozan de condición política de ciudadanos de Castilla-La Mancha:

a) Los que de acuerdo a las leyes municipales tengan vecindad administrativa en cualquiera de los municipios de la región.

b) Los españoles residentes en el extranjero que hayan tenido la última vecindad administrativa en cualquiera de los municipios de la región y acrediten esta condición en el correspondiente Consulado de España.

c) Los ascendientes, si así lo solicitan, siempre que figuren inscritos como españoles en la forma que determine la Ley del Estado.

d) Todas son correctas.

6. Si una propuesta de reforma del Estatuto de Autonomía de Castilla-La Mancha no es aprobada por las Cortes de Castilla-La Mancha o por las Cortes Generales, no podrá ser sometida nuevamente a debate y votación hasta que haya transcurrido:

a) Un trimestre.

b) Un semestre.

c) Una legislatura.

d) Un año.

7. Según el Estatuto de Autonomía de Castilla-La Mancha, el órgano estatal competente convocará los concursos y oposiciones para cubrir las plazas vacantes en la región, de Magistrados, Jueces, Secretarios Judiciales y restante personal al servicio de la Administración de Justicia, a instancia del:

a) Consejo de Gobierno.

b) Pleno de las Cortes de Castilla-La Mancha.

c) Titular de la Consejería competente en materia de justicia.

d) Ministerio de Justicia.

8. Según el Estatuto de Autonomía de Castilla-La Mancha, los miembros del Consejo de Gobierno:

a) No podrán ser superior a diez, requiriéndose para su nombramiento ser mayor de edad y disfrutar de los derechos de sufragio activo y pasivo.

b) Serán elegidos por las Cortes de Castilla-La Mancha, a propuesta del Presidente del Consejo de Gobierno.

c) Tienen acceso a las sesiones plenarias de las Cortes de Castilla-La Mancha y de sus Comisiones y la facultad de hacerse oír en ellas.

d) Serán nombradas por el Rey, a propuesta del Presidente del Consejo de Gobierno.

9. Teniendo en cuenta la Ley 2/1991, de 14 de marzo, de Coordinación de Diputaciones, señale la afirmación correcta en relación con el Consejo Regional de Provincias:

a) Tendrá carácter deliberante y consultivo.

b) Los representantes de las Diputaciones serán nombrados por el Consejo de Gobierno.

c) Es un órgano permanente de coordinación y control.

d) Será presidido rotatoriamente, cada dos años, por un Presidente de Diputación.

10. En relación con la elección de los Diputados en Castilla-La Mancha, es cierto que:

a) Están sujetos a mandato imperativo.

b) Serán elegidos por un plazo de cinco años de acuerdo con un sistema de representación proporcional que asegure la representación de las diversas zonas del territorio de la región.

c) Las elecciones serán convocadas por el Consejo de Gobierno de Castilla-La Mancha.

d) Ninguna es correcta.

11. Las Cortes de Castilla-La Mancha están constituidas por:

a) Un mínimo de 25 Diputados y un máximo de 35.

b) Un mínimo de 30 Diputados y un máximo de 25.

c) Un mínimo de 35 Diputados y un máximo de 30.

d) Un máximo de 35 Diputados sin mínimo establecido.

12. Es cierto en relación con las sesiones extraordinarias que:

a) Serán convocadas por el Consejo de Gobierno.

b) Serán convocadas a petición del Presidente del Consejo de Gobierno.

c) Serán convocadas a petición de una cuarta parte de los Diputados.

d) Se clausuran al día siguiente de ser convocadas.

13. ¿A qué órgano le corresponde la acción política y administrativa regional?

a) Al Presidente de las Cortes.

b) A la Junta.

c) Al Consejo de Gobierno.

d) A la Diputación.

14. Una de las siguientes competencias de las Cortes de Castilla-La Mancha no es correcta:

a) Ejercer la potestad legislativa de la región; las Cortes de Castilla-La Mancha sólo podrán delegar esta potestad en el Consejo de Gobierno, en los términos que establecen los artículos ochenta y dos, ochenta y tres y ochenta y cuatro de la Constitución, para el supuesto de la delegación legislativa de las Cortes Generales al Gobierno de la Nación y en el marco de lo establecido en el presente Estatuto.

b) Controlar la acción ejecutiva del Consejo de Gobierno, aprobar los presupuestos y ejercer las otras competencias que le sean atribuidas por la Constitución, por el presente Estatuto y por las demás normas del ordenamiento jurídico.

c) Establecer y exigir tributos de acuerdo con la Constitución, el presente Estatuto y las correspondientes leyes del Estado.

d) Aprobar los convenios que acuerden las Cortes, con otras Comunidades Autónomas en los términos establecidos por el apartado dos del artículo ciento cuarenta y cinco de la Constitución.

15. El cese del Presidente se contempla en el artículo 8 de la Ley 11/2003, de 25 de septiembre. Según el mismo, el Presidente de la Junta de Comunidades de Castilla-La Mancha cesa. Señale la respuesta incorrecta:

a) Por renuncia o dimisión.

b) Por la pérdida de la confianza parlamentaria.

c) Por la elección de nuevo Presidente tras la celebración de las elecciones regionales.

d) Por resolución administrativa firme que conlleve la inhabilitación para el ejercicio de cargos o empleos públicos.

16. Señale la respuesta correcta:

a) El Consejo de Gobierno podrá interponer recursos de amparo y personarse ante el Tribunal Constitucional en los supuestos y términos previstos en la Constitución y en su Ley Orgánica.

b) El Consejo de Gobierno podrá interponer cuestión de inconstitucionalidad y personarse ante el Tribunal Constitucional en los supuestos y términos previstos en la Constitución y en su Ley Orgánica.

c) El Consejo de Gobierno podrá interponer recursos de inconstitucionalidad y personarse ante el Tribunal Supremo en los supuestos y términos previstos en la Constitución y en su Ley Orgánica.

d) El Consejo de Gobierno podrá interponer recursos de inconstitucionalidad y personarse ante el Tribunal Constitucional en los supuestos y términos previstos en la Constitución y en su Ley Orgánica.

17. En relación con la moción de censura, señale la respuesta correcta:

a) La moción de censura deberá ser propuesta al menos por el 10 por 100 de los Diputados y habrá de incluir un candidato a la Presidencia de la Junta de Comunidades.

b) La moción de censura no podrá ser votada hasta que transcurran tres días desde su presentación. En los dos primeros días de dicho plazo podrán presentarse mociones alternativas.

c) Si la moción de censura no fuere aprobada por las Cortes de Castilla-La Mancha, sus signatarios no podrán presentar otra hasta que hubiere transcurrido un año desde la fecha de votación de la primera.

d) Si las Cortes de Castilla-La Mancha aceptan una moción de censura, el Consejo de Gobierno presentará su dimisión y el candidato incluido en aquella se entenderá investido de la confianza parlamentaria a los efectos previstos en el artículo 14 de este Estatuto, y las Cortes le nombrará Presidente de la Junta de Comunidades de Castilla-La Mancha.

18. ¿A quién le corresponde resolver los conflictos de competencia y jurisdicción entre los Tribunales de la región y los del resto de España?

a) Al Tribunal Superior de Justicia.

b) Al Tribunal Constitucional.

c) Al Tribunal Supremo.

d) A las Cortes de Castilla-La Mancha.

19. Una de las siguientes no es una competencia exclusiva de la Junta de Comunidades de Castilla-La Mancha:

a) Agricultura, ganadería e industrias agroalimentarias, de acuerdo con la ordenación general de la economía.

b) Denominaciones de origen y otras indicaciones de procedencia relativas a productos de la región, en colaboración con el Estado.

c) Proyectos, construcción y explotación de los aprovechamientos hidráulicos, canales y regadíos de interés para la región; aguas minerales y termales; aguas subterráneas cuando discurran íntegramente por el ámbito territorial de la Comunidad Autónoma. Ordenación y concesión de recursos y aprovechamientos hidráulicos cuando las aguas discurran íntegramente por el ámbito territorial de la Comunidad Autónoma.

d) Defensa del consumidor y usuario, de acuerdo con las bases y la ordenación de la actividad económica general y la política monetaria del Estado, las bases y coordinación general de la sanidad, en los términos de lo dispuesto en los artículos 38, 131 y en los números 11, 13 y 16 del apartado 1 del artículo 149 de la Constitución.

20. Corresponde a la Junta de Comunidades, en los términos que establezcan las leyes y normas reglamentarias que en desarrollo de su legislación dicte el Estado, la función ejecutiva en las siguientes materias:

a) Publicidad, sin perjuicio de las normas dictadas por el Estado para sectores y medios específicos, de acuerdo con los números 1, 6 y 8 del apartado 1 del artículo 149 de la Constitución.

b) Servicio meteorológico de la Comunidad Autónoma.

c) Protección y tutela de menores.

d) Gestión de los museos, archivos y bibliotecas de titularidad estatal, que no se reserve el Estado.

21. La Ley 2/1991, de 14 de marzo, de coordinación de Diputaciones, establece que para la elaboración y ejecución de planes sectoriales o la realización de actividades por parte de las Diputaciones Provinciales sobre materias declaradas de interés general, será necesaria:

a) La autorización expresa del Consejo de Gobierno, previo informe del Consejo Regional de Provincias, salvo en el caso de que se hubiera producido la correspondiente delegación de funciones.

b) La autorización expresa del Consejo Regional de Provincias, previo informe del Consejo de Gobierno, salvo en el caso de que se hubiera producido la correspondiente delegación de funciones.

c) La autorización expresa del Consejo de Gobierno, previo informe del Consejo Regional de Provincias, en todo caso.

d) Ninguna es correcta.

22. Los montes, el aprovechamiento y los servicios forestales, así como las vías pecuarias, pastos y espacios naturales protegidos, es una competencia de la Junta:

a) Legislativa.
b) Exclusiva.
c) Reglamentaria.
d) Ninguna es correcta.

23. La facultad de utilización del procedimiento de apremio:

a) Es una competencia exclusiva de la Junta.
b) Es una competencia reglamentaria de la Junta.
c) Es un privilegio propio de la Administración del Estado, del que goza la Junta.
d) Es una competencia legislativa de la Junta.

24. Señale la respuesta incorrecta en relación con la composición del Consejo Regional de Provincias:

a) Los representantes de la Comunidad Autónoma serán nombrados por el Consejo de Gobierno y en todo caso, será Vocal el Director General que ostente las relaciones con las Corporaciones Locales.
b) Los representantes de las provincias serán los presidentes de las Corporaciones Provinciales de Albacete, Ciudad Real, Cuenca, Guadalajara y Toledo.
c) El Consejo Regional de Provincias será presidido por el Consejero de Presidencia y estará constituido por otros 10 miembros en forma equilibrada de la Administración Autonómica y de las Diputaciones Provinciales.
d) Ninguna de las tres anteriores es incorrecta.

25. Es cierto en relación con el Consejo Regional de Provincias:

a) Tendrá carácter deliberante y consultivo.
b) Estará presidido por el Presidente de la Diputación.
c) Su organización, régimen y funcionamiento será establecido por Ley del Consejo de Gobierno.
d) Todas son correctas.

26. En relación con el Consejo Consultivo, señale la respuesta correcta:

a) La consulta al Consejo Consultivo será potestativa cuando una ley así lo establezca.
b) Los dictámenes del Consejo Consultivo serán vinculantes, en todo caso.
c) Los asuntos dictaminados por el Consejo Consultivo podrán ser remitidos para su informe a otros órganos de la Comunidad Autónoma.
d) Ninguna es correcta.

27. Señale la respuesta correcta:

a) Los Diputados de las Cortes de Castilla-La Mancha serán elegidos por sufragio universal, igual, libre, directo y secreto, en la forma prevista en la Constitución.

b) Los Diputados de Castilla-La Mancha representan a toda la región y no estarán sujetos a mandato imperativo alguno.

c) Las Cortes de Castilla-La Mancha serán elegidas por un plazo de cuatro años de acuerdo con un sistema de representación territorial que asegure la representación de las diversas zonas del territorio de la región. Las elecciones serán convocadas por el Presidente de la Junta de Comunidades, en los términos previstos por la Ley que regule el Régimen Electoral General, de manera que se realicen el primer domingo de mayo cada cuatro años.

d) Todas son correctas.

28. Señale la respuesta correcta en relación con el Consejo Consultivo como órgano superior de la Junta de Comunidades y de las Corporaciones locales de la Comunidad Autónoma:

a) La consulta al Consejo Consultiva será siempre facultativa.

b) Sus dictámenes serán vinculantes.

c) Ejerce sus funciones con autonomía orgánica y funcional.

d) Sus funciones se regulan en el Estatuto de Autonomía.

29. ¿Cómo se han de disolver las Cortes si se desea anticipar el término natural de la legislatura?

a) Por Ley.

b) Por Decreto.

c) Previa autorización de las Cortes Generales.

d) NInguna es correcta.

30. ¿Cuándo podrá acordar la disolución de las Cortes?

a) Durante el primer periodo de sesiones de la legislatura.

b) A los seis meses de su terminación.

c) En plena tramitación de una moción de censura.

d) Ninguna es correcta.

Solución al test n.º 3

1. c) La ciudad de Toledo como sede de las Cortes de Castilla-La Mancha.

2. a) La función ejecutiva.

3. d) La cuestión de confianza sobre un proyecto de ley no podrá ser planteada más de una vez en cada periodo de sesiones.

4. b) El desarrollo legislativo y la ejecución.

5. b) Los españoles residentes en el extranjero que hayan tenido la última vecindad administrativa en cualquiera de los municipios de la región y acrediten esta condición en el correspondiente Consulado de España.

6. d) Un año.

7. a) Consejo de Gobierno.

8. c) Tienen acceso a las sesiones plenarias de las Cortes de Castilla-La Mancha y de sus Comisiones y la facultad de hacerse oír en ellas.

9. a) Tendrá carácter deliberante y consultivo.

10. d) Ninguna es correcta.

11. a) Un mínimo de 25 Diputados y un máximo de 35.

12. b) Serán convocadas a petición del Presidente del Consejo de Gobierno.

13. c) Al Consejo de Gobierno.

14. d) Aprobar los convenios que acuerden las Cortes, con otras Comunidades Autónomas en los términos establecidos por el apartado dos del artículo ciento cuarenta y cinco de la Constitución.

15. d) Por resolución administrativa firme que conlleve la inhabilitación para el ejercicio de cargos o empleos públicos.

16. d) El Consejo de Gobierno podrá interponer recursos de inconstitucionalidad y personarse ante el Tribunal Constitucional en los supuestos y términos previstos en la Constitución y en su Ley Orgánica.

17. c) Si la moción de censura no fuere aprobada por las Cortes de Castilla-La Mancha, sus signatarios no podrán presentar otra hasta que hubiere transcurrido un año desde la fecha de votación de la primera.

18. c) Al Tribunal Supremo.

19. d) Defensa del consumidor y usuario, de acuerdo con las bases y la ordenación de la actividad económica general y la política monetaria del Estado, las bases y coordinación general de la sanidad, en los términos de lo dispuesto en los artículos 38, 131 y en los números 11, 13 y 16 del apartado 1 del artículo 149 de la Constitución.

20. d) Gestión de los museos, archivos y bibliotecas de titularidad estatal, que no se reserve el Estado.

21. a) La autorización expresa del Consejo de Gobierno, previo informe del Consejo Regional de Provincias, salvo en el caso de que se hubiera producido la correspondiente delegación de funciones.

22. a) Legislativa.

23. c) Es un privilegio propio de la Administración del Estado, del que goza la Junta.

24. c) El Consejo Regional de Provincias será presidido por el Consejero de Presidencia y estará constituido por otros 10 miembros en forma equilibrada de la Administración Autonómica y de las Diputaciones Provinciales.

25. a) Tendrá carácter deliberante y consultivo.

26. d) Ninguna es correcta.

27. b) Los Diputados de Castilla-La Mancha representan a toda la región y no estarán sujetos a mandato imperativo alguno.

28. c) Ejerce sus funciones con autonomía orgánica y funcional.

29. b) Por Decreto.

30. d) Ninguna es correcta.

TEST N.º 4

El Gobierno y la Administración Regional: estructura, organización y régimen jurídico

1. ¿En qué año se celebran las primeras elecciones regionales y constitucionales en Castilla-La Mancha?

a) 1981.
b) 1982.
c) 1983.
d) 1984.

2. ¿En cuál de los siguientes asuntos deberá ser consultado el Consejo Consultivo?

a) Anteproyectos de Ley.
b) Proyectos de Reglamentos o disposiciones de carácter particular que se dicten en ejecución de las leyes, así como sus modificaciones.
c) Cuestiones de inconstitucionalidad y conflictos de competencia ante el Tribunal Constitucional.
d) Convenios o acuerdos de cooperación con otras Comunidades Autónomas y Entidades Locales.

3. No podrá ser elegido Presidente de la Junta de Comunidades:

a) Quien ya hubiese ostentado este cargo durante al menos doce años, salvo que hayan pasado ocho años desde la terminación de su mandato.
b) Quien ya hubiese ostentado este cargo durante al menos ocho años, salvo que hayan pasado dos años desde la terminación de su mandato.
c) Quien ya hubiese ostentado este cargo durante al menos ocho años, salvo que hayan pasado cuatro años desde la terminación de su mandato.
d) No hay limitación de años para ser elegido.

4. Señale la respuesta correcta:

a) Los Vicepresidentes y los Consejeros son nombrados y separados por el Presidente de la Junta de Comunidades de Castilla-La Mancha.
b) Para ser Vicepresidente o Consejero se requiere, ser mayor de dieciséis años, y disfrutar de los derechos de sufragio activo y pasivo.

c) La válida constitución del Consejo de Gobierno requiere la asistencia del Presidente o de quien legalmente le sustituya, y de la mitad de los restantes miembros, en todo caso.

d) Las decisiones y acuerdos del Consejo de Gobierno se adoptan mediante la oportuna deliberación y con votación formal. Cuando el Presidente considere concluida la deliberación sobre un asunto del orden del día, expresará el resultado de la misma.

5. La condición de miembro del Consejo de Gobierno es incompatible con las siguientes actividades privadas:

a) El desempeño, por sí o por terceras personas, de cargo de cualquier orden en empresas o sociedades dedicadas a actividades de prestación de servicios, suministros y contratas de obras, para las Administraciones Públicas o subvencionadas por estas, concesionarias de las mismas, arrendatarias o administradoras de monopolios o con participación del sector público, cualquiera que sea la configuración jurídica de aquellas.

b) El ejercicio de cargos por sí o por personas interpuestas, que lleven anejas funciones de dirección, representación o asesoramiento de toda clase de sociedades mercantiles o civiles y consorcios de fin lucrativo.

c) La titularidad individual o colectiva de cualquier clase de conciertos, de prestación continuada e incluso esporádica de servicios en favor de las Administraciones Públicas.

d) Todas son correctas.

6. ¿Cómo pueden ser suplidos los Consejeros?

a) En el despacho ordinario de los asuntos de la Consejería por un Viceconsejero. De haber varios lo será por quien expresamente designe el Consejero.

b) Por el miembro del Consejo de Gobierno que decida el Consejero.

c) No pueden ser suplidos, en ningún caso.

d) Son correctas a) y b).

7. Señale la respuesta correcta sobre los Gabinetes:

a) Son órganos de asistencia política y técnica a los miembros del Consejo de Gobierno.

b) Sus miembros realizan exclusivamente tareas de asesoramiento, pudiendo, en algún caso, adoptar actos o resoluciones que correspondan a los órganos de la Administración.

c) Pueden desempeñar tareas propias de los órganos de la Administración.

d) Ninguna es correcta.

8. Como superior representante de la Región, corresponde al Presidente:

a) Ostentar la representación de la Junta de Comunidades en sus relaciones con el Estado, las demás Comunidades Autónomas y las Corporaciones Locales de la Región.

b) Ordenar los Convenios y Acuerdos de Cooperación a los que se refiere el artículo 40 del Estatuto de Autonomía.

c) Aprobar las leyes, en nombre del Rey, y ordenar su publicación en el «Diario Oficial de Castilla-La Mancha» y en el «Boletín Oficial del Estado».

d) Firmar la publicación del nombramiento del Presidente del Tribunal Superior de Justicia en el « BOE».

9. Señale la respuesta correcta en relación con el Consejo de Gobierno:

a) El Consejo de Gobierno es el órgano legislativo colegiado de la Región, dirige la acción política y administrativa regional, ejerce la función ejecutiva y la potestad reglamentaria en el marco de la Constitución y del Estatuto de Autonomía.
b) Le corresponde nombrar y separar a los órganos directivos y de apoyo de la Administración Regional.
c) Le corresponde nombrar y separar a los Vicepresidentes y Consejeros.
d) Todas son correctas.

10. Las Direcciones provinciales de cada Consejería en cada provincia son órganos:

a) Centrales.
b) De asistencia.
c) Consultivos.
d) Periféricos.

11. En relación con el Consejo Consultivo de Castilla-La Mancha es cierto que:

a) Sus dictámenes son vinculantes.
b) Los asuntos dictaminados por el Consejo Consultivo podrán ser remitidos para su informe a un órgano de la Comunidad Autónoma.
c) La consulta al Consejo Consultivo será preceptiva cuando una ley así lo establezca y facultativa en los demás casos.
d) Todas son correctas.

12. ¿Cuántos años de ejercicio profesional deberán tener los miembros electivos del Consejo Consultivo licenciados en Derecho?

a) Más de 20 años.
b) Más de 15 años.
c) Más de 10 años.
d) No se exige un mínimo de años de ejercicio profesional.

13. ¿Cómo se adoptan los acuerdos del Consejo Consultivo?

a) Por mayoría simple de los miembros que lo componen.
b) Por mayoría absoluta de los miembros que lo componen.
c) Por mayoría de tres quintos.
d) Ninguna es correcta.

14. ¿En qué plazo máximo se han de emitir los dictámenes del Consejo Consultivo, a contar desde la recepción del expediente?

a) Un mes.
b) Dos meses.

c) Tres meses.
d) Quince días.

15. Cuando en la petición de dictamen del Consejo Consultivo, se haga constar la urgencia del mismo, el plazo máximo para su despacho, será de:

a) Un mes.
b) Dos meses.
c) Tres meses.
d) Quince días.

16. El ejercicio de la potestad reglamentaria corresponde:

a) Al Consejo de Gobierno, sin perjuicio de la facultad de sus miembros para dictar normas reglamentarias en el ámbito propio de sus competencias.
b) Al Consejo de Gobierno, en todo caso.
c) A las Cortes.
d) Ninguna es correcta.

17. Señale la respuesta correcta relativa al Consejo Consultivo:

a) El Consejo Consultivo estará compuesto por Consejeros electivos y natos.
b) Los Consejeros electivos serán designados: dos, por las Cortes de Castilla-La Mancha por mayoría de tres quintos de los Diputados que las integran y tres, por el Consejo de Gobierno.
c) Son miembros natos del Consejo Consultivo los ex-Presidentes de la Junta de Comunidades, de las Cortes y del Tribunal Superior de Justicia de Castilla-La Mancha que, habiendo ejercido el cargo durante, al menos, cinco años, gocen de la condición de ciudadano de Castilla-La Mancha.
d) Los miembros electivos del Consejo Consultivo deberán ser Licenciados en Derecho con más de 15 años de ejercicio profesional y gozar de la condición de ciudadano de Castilla-La Mancha.

18. ¿A quién le corresponde dictar los Decretos Legislativos?

a) Al Presidente de la Junta.
b) Al Consejo de Gobierno.
c) Al Consejero de Presidencia.
d) Ninguna es correcta.

19. ¿Qué infracciones se sancionan con el cese inmediato y la inhabilitación para ocupar cargos similares?

a) Leves.
b) Graves.

c) Muy graves.
d) Ninguna es correcta.

20. ¿Qué plazo establece la ley, como sanción, para la inhabilitación?

a) Un año.
b) Dos años.
c) Tres años.
d) Cuatro años.

21. Una de las siguientes opciones, no es correcta:

a) El Presidente de la Junta de Comunidades de Castilla-La Mancha cesa por renuncia o dimisión.
b) Los expresidentes de la Junta de Comunidades percibirán alguna cantidad en concepto de indemnización por su cese.
c) Los gastos generados por los medios puestos a disposición de los ex-Presidentes se atenderán con el Presupuesto de la Comunidad Autónoma.
d) Todas son correctas.

22. Igualmente la condición de miembro del Consejo de Gobierno es incompatible con las siguientes actividades privadas:

a) El desempeño, por sí o por terceras personas, de cargo de cualquier orden en empresas o sociedades dedicadas a actividades de prestación de servicios, suministros y contratas de obras, para las Administraciones Públicas o subvencionadas por estas, concesionarias de las mismas, arrendatarias o administradoras de monopolios o con participación del sector público, cualquiera que sea la configuración jurídica de aquellas.
b) El ejercicio de cargos por sí o por personas interpuestas, que lleven anejas funciones de dirección, representación o asesoramiento de toda clase de sociedades mercantiles o civiles y consorcios de fin lucrativo.
c) La titularidad individual o colectiva de cualquier clase de conciertos, de prestación continuada e incluso esporádica de servicios en favor de las Administraciones Públicas.
d) Todas son correctas.

23. Los miembros del Consejo de Gobierno podrán ejercer las siguientes actividades:

a) Las funciones representativas y de carácter institucional para las que fueron designados y que les correspondan en función de su cargo.
b) Las actividades de creación, producción o divulgación literaria, artística, periodística, científica o técnica y las publicaciones derivadas de aquellas, así como la colaboración y la asistencia ocasional como ponente a congresos, seminarios, jornadas de trabajo, conferencias o cursos de carácter profesional, siempre que no sean consecuencia de una relación de empleo o de prestación de servicios o supongan un menoscabo del estricto cumplimiento de sus deberes.

c) Las actividades de administración del patrimonio personal o familiar, salvo el supuesto de participación superior al 20% entre el interesado, su cónyuge e hijos menores en empresas que tengan conciertos de obras, servicios o suministros, cualquiera que sea su naturaleza con la Junta de Comunidades de Castilla-La Mancha.

d) La participación en entidades culturales o benéficas que tengan ánimo de lucro y siempre que perciban retribución o percepción por dicha participación.

24. Los Consejeros solo pueden ser suplidos:

a) En el despacho ordinario de los asuntos de la Consejería por un Viceconsejero.

b) De haber varios lo será por quien expresamente designe el Consejero.

c) Por el miembro del Consejo de Gobierno que decida el Presidente de la Junta de Comunidades.

d) Todas son correctas.

25. El Consejo Consultivo elaborará su Presupuesto que:

a) Figurará como crédito extraordinario dentro de los Presupuestos Generales de la Junta de Comunidades de Castilla-La Mancha.

b) Figurará como un suplemento de crédito dentro de los Presupuestos Generales de la Junta de Comunidades de Castilla-La Mancha.

c) Figurará como una Sección dentro de los Presupuestos Generales de la Junta de Comunidades de Castilla-La Mancha.

d) No figurará dentro de los Presupuestos Generales de la Junta de Comunidades de Castilla-La Mancha.

Solución al test n.º 4

1. c) 1983.

2. a) Anteproyectos de Ley.

3. c) Quien ya hubiese ostentado este cargo durante al menos ocho años, salvo que hayan pasado cuatro años desde la terminación de su mandato.

4. a) Los Vicepresidentes y los Consejeros son nombrados y separados por el Presidente de la Junta de Comunidades de Castilla-La Mancha.

5. d) Todas son correctas.

6. a) En el despacho ordinario de los asuntos de la Consejería por un Viceconsejero. De haber varios lo será por quien expresamente designe el Consejero.

7. a) Son órganos de asistencia política y técnica a los miembros del Consejo de Gobierno.

8. a) Ostentar la representación de la Junta de Comunidades en sus relaciones con el Estado, las demás Comunidades Autónomas y las Corporaciones Locales de la Región.

9. b) Le corresponde nombrar y separar a los órganos directivos y de apoyo de la Administración Regional.

10. d) Periféricos.

11. c) La consulta al Consejo Consultivo será preceptiva cuando una ley así lo establezca y facultativa en los demás casos.

12. c) Más de 10 años.

13. b) Por mayoría absoluta de los miembros que lo componen.

14. a) Un mes.

15. d) Quince días.

16. a) Al Consejo de Gobierno, sin perjuicio de la facultad de sus miembros para dictar normas reglamentarias en el ámbito propio de sus competencias.

17. a) El Consejo Consultivo estará compuesto por Consejeros electivos y natos.

18. b) Al Consejo de Gobierno.

19. c) Muy graves.

20. d) Cuatro años.

21. b) Los expresidentes de la Junta de Comunidades percibirán alguna cantidad en concepto de indemnización por su cese.

22. d) Todas son correctas.

23. b) Las actividades de creación, producción o divulgación literaria, artística, periodística, científica o técnica y las publicaciones derivadas de aquellas, así como la colaboración y la asistencia ocasional como ponente a congresos, seminarios, jornadas de trabajo, conferencias o cursos de carácter profesional, siempre que no sean consecuencia de una relación de empleo o de prestación de servicios o supongan un menoscabo del estricto cumplimiento de sus deberes.

24. d) Todas son correctas.

25. c) Figurará como una Sección dentro de los Presupuestos Generales de la Junta de Comunidades de Castilla-La Mancha.

La Administración Pública: principios de actuación. Las relaciones interadministrativas. Las relaciones entre la Administración Pública y los ciudadanos: especial referencia a la Administración de la Junta de Comunidades de Castilla-la Mancha. Los órganos administrativos

1. Señala, de acuerdo con el art. 103 de la Carta Magna, cuál de los siguientes no es uno de los principios que rigen la actuación de la Administración Pública:

a) Descentralización.
b) Coordinación.
c) Eficiencia.
d) Jerarquía.

2. El art. 104 de la Constitución Española dispone que las Fuerzas y Cuerpos de Seguridad actuarán bajo la dependencia de:

a) Las Cortes Generales.
b) El Gobierno.
c) El Rey.
d) El Ministro del Interior.

3. ¿Qué recurso cabe contra un acuerdo de avocación?

a) Recurso de alzada.
b) Recurso extraordinario de revisión.
c) Recurso de reposición.
d) Ninguno.

4. ¿Con qué periodicidad eleva el Ministro competente al Consejo de Ministros un informe sobre la actividad de los órganos de cooperación existentes, así como sobre los convenios vigentes a partir de los datos y análisis proporcionados por el Registro Electrónico estatal de Órganos e Instrumentos de Cooperación?

a) Anualmente.
b) Semestralmente.

c) Trimestralmente.
d) Mensualmente.

5. ¿En qué Registro deberán inscribirse los órganos de cooperación entre distintas Administraciones Públicas en los que participe la Administración General del Estado, para que resulte válida su sesión constitutiva?

a) En el Registro Estatal de Órganos e Instrumentos de Cooperación.
b) En el Registro Nacional de Colaboración Institucional.
c) En el Registro Estatal de Apoyo y Coordinación Institucional.
d) En el Registro Nacional de Cooperación y Colaboración.

6. ¿Quién preside la Conferencia de Presidentes?

a) S.M. el Rey de España.
b) El Presidente del Gobierno.
c) El Ministro de Política Territorial y Función Pública .
d) El Subsecretario de Administraciones Públicas.

7. Señala la respuesta correcta respecto a las Comisiones Bilaterales de Cooperación:

a) Las decisiones adoptadas por las Comisiones Bilaterales de Cooperación revestirán la forma de Reglamentos.
b) Las decisiones adoptadas por las Comisiones Bilaterales de Cooperación no son obligatorias.
c) Las Comisiones Bilaterales de Cooperación podrán crear Grupos de trabajo y podrán convocarse y adoptar acuerdos por videoconferencia o por medios electrónicos.
d) Las Comisiones Bilaterales de Cooperación ejercen funciones de consulta pero carecen de la capacidad para adoptar acuerdos.

8. Señala la respuesta incorrecta respecto a los convenios:

a) Son convenios los acuerdos con efectos jurídicos adoptados por las Administraciones Públicas, los organismos públicos y entidades de derecho público vinculados o dependientes o las Universidades públicas entre sí o con sujetos de derecho privado para un fin común.
b) No tienen la consideración de convenios, los Protocolos Generales de Actuación o instrumentos similares que comporten meras declaraciones de intención de contenido general o que expresen la voluntad de las Administraciones y partes suscriptoras para actuar con un objetivo común, siempre que no supongan la formalización de compromisos jurídicos concretos y exigibles.
c) Los convenios podrán tener por objeto prestaciones propias de los contratos.
d) Todas las respuestas son correctas.

9. Salvo que normativamente se prevea un plazo superior, los convenios suscritos por las Administraciones Públicas, deberán tener una duración determinada, que no podrá ser superior a:

a) Diez años.
b) Cinco años.
c) Cuatro años.
d) Seis años.

10. Los convenios que suscriba la Administración General del Estado o sus organismos públicos y entidades de Derecho Público vinculados o dependientes se acompañarán de:

a) El informe de su servicio técnico.
b) La autorización previa del Consejo de Ministros para su firma, modificación, prórroga y resolución por mutuo acuerdo entre las partes.
c) Cualquier informe preceptivo que establezca la normativa aplicable.
d) Todas las respuestas son correctas.

11. Los convenios interadministrativos suscritos con las Comunidades Autónomas:

a) Serán remitidos al Senado por el Ministerio de Política Territorial y Función Pública.
b) Serán remitidos al Congreso de los Diputados por el Ministerio de Política Territorial y Función Pública.
c) Serán remitidos al Consejo de Ministros por el Ministerio de Política Territorial y Función Pública.
d) Serán remitidos a la Comisión Nacional de Convenios Administrativos por el Ministerio de Política Territorial y Función Pública.

12. ¿Qué clase de convenios han de remitirse electrónicamente al Tribunal de Cuentas u órgano externo de fiscalización de la Comunidad Autónoma?

a) Aquellos convenios cuyos compromisos económicos asumidos superen el 1.000.000 euros.
b) Aquellos convenios cuyos compromisos económicos asumidos superen los 600.000 euros.
c) Aquellos convenios cuyos compromisos económicos asumidos superen los 500.000 euros.
d) Aquellos convenios cuyos compromisos económicos asumidos superen los 250.000 euros.

13. El art. 103,1.º CE establece que la Administración Pública sirve con objetividad los intereses generales y actúa de acuerdo con los principios de eficacia, jerarquía, descentralización, desconcentración y coordinación, con sometimiento pleno a:

a) La Constitución Española.
b) La ley, la costumbre y los Principios Generales del Derecho.
c) La Ley y al Derecho.
d) La Constitución, las leyes y las costumbres.

14. Las Administraciones Públicas, en el ámbito de sus respectivas competencias y en aplicación del principio de igualdad entre mujeres y hombres, deberán:

a) Establecer medidas efectivas de protección frente al acoso sexual y al acoso por razón de sexo.
b) Establecer medidas efectivas para eliminar cualquier discriminación retributiva, directa o indirecta, por razón de sexo.
c) Facilitar la conciliación de la vida personal, familiar y laboral, sin menoscabo de la promoción profesional.
d) Todas las respuestas son correctas.

15. Las Administraciones Públicas se rigen por el criterio de:

a) Eficacia en la asignación y utilización de los recursos públicos.
b) Servicio efectivo a los ciudadanos.
c) Eficiencia en el cumplimiento de los objetivos fijados.
d) Racionalización y compromiso en la asignación y utilización de los recursos públicos.

16. El principio de jerarquía, clásico en la estructuración de las organizaciones administrativas, no se aplica, en la actualidad, en la Administración:

a) Estatal.
b) Autonómica.
c) Local.
d) Autonómica y Local.

17. ¿Qué clases de descentralizaciones distingue la Doctrina Científica?

a) Territorial y funcional o institucional.
b) Central o Estatal, Autonómica y Local.
c) Directa e indirecta.
d) Territorial, funcional y material.

18. ¿Cómo se denomina el traspaso de competencias que se efectúa por un órgano de una Administración en favor de otro órgano de la misma Administración, que no está dotado de personalidad jurídica?

a) Avocación.
b) Revocación.
c) Desconcentración.
d) Descentralización funcional.

19. Las Administraciones públicas deberán respetar en su actuación y en sus relaciones los principios de:

a) Igualdad, legalidad e imparcialidad.
b) Transparencia, eficacia y eficiencia.

c) Legalidad, lealtad y solidaridad.
d) Buena fe, confianza legítima y lealtad institucional.

20. ¿Qué principio protege a los individuos y las empresas contra cambios bruscos e imprevisibles de criterio de la Administración que produzcan resultados lesivos, cuando ha sido la propia Administración la que ha avalado o impulsado su conducta mediante su propio comportamiento?

a) El principio de buena fe.
b) El principio de legalidad.
c) El principio de transparencia en la gestión.
d) El principio de confianza legítima.

21. ¿Quién designa al secretario de cada Conferencia Sectorial?

a) El Presidente del Gobierno.
b) El Ministro de Política Territorial y Función Pública.
c) El Presidente de la Conferencia Sectorial.
d) El Pleno de la Conferencia Sectorial.

22. La decisión que adopte la Conferencia Sectorial que tenga como finalidad expresar la opinión de la Conferencia Sectorial sobre un asunto que se somete a su consulta, revestirá la forma de:

a) Recomendación.
b) Acuerdo.
c) Dictamen.
d) Resolución.

23. ¿De quién depende la Comisión Sectorial de Administración Electrónica?

a) De la Conferencia Sectorial de Administración Pública.
b) De la Comisión Nacional de Administración Pública.
c) Directamente del Ministro de Política Territorial y Función Pública.
d) De Secretaría General de Administraciones Electrónicas.

24. Los convenios se extinguen por el cumplimiento de las actuaciones que constituyen su objeto o por incurrir en causa de resolución. Una de las causas de resolución es:

a) El incumplimiento de las obligaciones y compromisos asumidos por parte de alguno de los firmantes.
b) Por decisión judicial declaratoria de la nulidad del convenio.
c) El transcurso del plazo de vigencia del convenio sin haberse acordado la prórroga del mismo.
d) Todas las respuestas son correctas.

25. ¿Qué artículo de la Constitución Española establece que la Ley regulará la audiencia de los ciudadanos, directamente o a través de las organizaciones y asociaciones reconocidas por la Ley, en el procedimiento de elaboración de las disposiciones administrativas que les afecten?

a) El art. 97.
b) El art. 101.3.
c) El art. 103.1.
d) El art. 105.

26. El art. 107 de nuestra Carta Magna dispone como supremo órgano consultivo del Gobierno a:

a) El Consejo de Ministros.
b) La Diputación Permanente.
c) El Consejo de Estado.
d) La Comisión Nacional Consultiva.

27. ¿Cuál es el fin último de toda actuación administrativa?

a) El interés público.
b) La legalidad.
c) La satisfacción del administrado.
d) El buen hacer en su actuación.

28. Señale la respuesta incorrecta relativa a las Agencias Estatales:

a) Las Agencias Estatales son entidades de derecho público, dotadas de personalidad jurídica pública, patrimonio propio y autonomía en su gestión, facultadas para ejercer potestades administrativas, que son creadas por el Gobierno para el cumplimiento de los programas correspondientes a las políticas públicas que desarrolle la Administración General del Estado en el ámbito de sus competencias.
b) Las agencias estatales están dotadas de los mecanismos de autonomía funcional, responsabilidad por la gestión y control de resultados establecidos reglamentariamente.
c) Con independencia de cuál sea su denominación, cuando un organismo público tenga naturaleza de Agencia Estatales deberá figurar en su denominación la indicación de "Agencia Estatal".
d) Todas son correctas.

29. ¿Quién controla la potestad reglamentaria y la legalidad de la actuación administrativa, así como el sometimiento de ésta a los fines que la justifican?

a) Nadie, ya que son independientes.
b) El Gobierno.
c) Los Tribunales.
d) Las Fuerzas y Cuerpos de Seguridad del Estado.

30. ¿Cómo se denomina el acto por el cual los órganos superiores asumen el conocimiento de uno o varios asuntos cuya resolución corresponde ordinariamente a sus órganos administrativos dependientes, cuando circunstancias de índole técnica, económica, social, jurídica o territorial lo hacen conveniente?

a) Avocación.
b) Revocación.
c) Desconcentración.
d) Descentralización funcional.

31. Comunicarse con las Administraciones Públicas por medios electrónicos es:

a) Un deber de los ciudadanos.
b) Un derecho de las Administraciones Públicas.
c) Un derecho de los ciudadanos.
d) Un derecho fundamental de los españoles, recogido por la Constitución; y, a la vez, un deber.

32. En sus relaciones con las Administraciones Públicas, los ciudadanos tienen derecho a:

a) Identificar a las autoridades y al personal al servicio de las Administraciones Públicas bajo cuya responsabilidad se tramiten los procedimientos.
b) Utilizar en todo el territorio nacional cualquiera de las lenguas oficiales del país.
c) Acceder, sin restricciones de ningún tipo, a todos los documentos obrantes en cualquier procedimiento en tramitación.
d) Obtener copia de expedientes en tramitación relacionados con su profesión, aunque no tengan la condición de interesados en ello.

33. Según la Ley 39/2015, de 1 de octubre, del Procedimiento Administrativo Común, los ciudadanos, en sus relaciones con las Administraciones Públicas, tienen derecho a obtener –acerca de los requisitos jurídicos o técnicos que las disposiciones vigentes impongan a los proyectos, actuaciones o solicitudes que se propongan realizar– información y:

a) Orientación.
b) Asesoramiento.
c) Control.
d) Sustento.

34. La sede electrónica a través de la cual se facilita el acceso a los servicios y procedimientos de las distintas sedes electrónicas de la Administración Pública correspondiente, se conoce en la LPACAP como:

a) Punto general de acceso.
b) Oficina virtual de referencia.
c) Registro general electrónico.
d) Portal-sede.

35. En relación con el tipo de comunicación de interesado con la Administración, no es cierto que:

a) Las personas físicas puedan elegir en todo momento si se comunican con las Administraciones Públicas para el ejercicio de sus derechos y obligaciones a través de medios electrónicos o no, salvo que estén obligadas a relacionarse a través de medios electrónicos con las Administraciones Públicas.

b) Las Administraciones puedan establecer la obligación de relacionarse con ellas a través de medios electrónicos para determinados procedimientos y para ciertos colectivos de personas físicas.

c) Las personas jurídicas estén obligadas a relacionarse a través de medios electrónicos con las Administraciones Públicas para la realización de cualquier trámite de un procedimiento administrativo.

d) El medio elegido por la persona para comunicarse con las Administraciones Públicas no puede ser modificado a lo largo del procedimiento.

36. No están obligados a relacionarse a través de medios electrónicos con las Administraciones Públicas para la realización de cualquier trámite de un procedimiento administrativo:

a) Las entidades sin personalidad jurídica.

b) Todo aquel que ostente la representación de un interesado.

c) Quienes ejerzan una actividad profesional para la que se requiera colegiación obligatoria, para los trámites y actuaciones que realicen con las Administraciones Públicas en ejercicio de dicha actividad profesional.

d) Las personas jurídicas.

37. Cuando los interesados se correspondan con personas jurídicas o colectivos de personas físicas que por razón de su capacidad económica o técnica, dedicación profesional u otros motivos acreditados tengan garantizado el acceso y disponibilidad de los medios tecnológicos precisos:

a) Estarán obligados a utilizar siempre medios electrónicos para comunicarse con la Administración.

b) Podrán elegir el medio con el que comunicarse con la Administración.

c) Las Administraciones Públicas podrán establecer reglamentariamente la obligatoriedad de comunicarse con ellas utilizando solo medios electrónicos.

d) Tendrán las mismas obligaciones que cualquier persona física en su relación con la Administración.

38. Según el artículo 21.4 de la Ley 39/2015 (LPACAP), las Administraciones Públicas deben publicar y mantener actualizadas en el portal web, a efectos informativos, las relaciones de procedimientos de su competencia, con indicación de los plazos máximos de duración de los mismos, así como de:

a) Los órganos que los tramitan.

b) Los efectos que produzca el silencio administrativo.

c) Los modelos de petición de información.

d) Los requisitos para la iniciación de los procedimientos a instancia de los interesados.

39. Según el artículo 36.1 de la Ley 39/2015 (LPACAP), los actos administrativos se producirán por escrito a través de medios electrónicos:

a) En cualquier caso.
b) A menos que su naturaleza permita otra forma de expresión y constancia.
c) A menos que su naturaleza exija otra forma más adecuada de expresión y constancia.
d) A menos que el órgano instructor autorice otra forma más adecuada de expresión y constancia.

40. El conjunto de datos en forma electrónica, consignados junto a otros o asociados con ellos, que pueden ser utilizados como medio de identificación del firmante, es:

a) La firma electrónica.
b) El certificado electrónico.
c) El expediente electrónico.
d) El documento electrónico.

41. Las Administraciones Públicas están obligadas a verificar la identidad de los interesados en el procedimiento administrativo, mediante la comprobación de su nombre y apellidos o denominación o razón social, según corresponda, que consten en el Documento Nacional de Identidad o documento identificativo equivalente. Con carácter general:

a) Será suficiente con que los interesados acrediten previamente su identidad a través de cualquiera de los medios de identificación previstos en la ley.
b) Solo será necesaria la firma electrónica.
c) Será obligatorio el uso de la firma electrónica.
d) Los Interesados deberán acreditarse por medio de la firma electrónica.

42. El artículo 9 de la Ley 39/2015, establece que los interesados podrán identificarse electrónicamente ante las Administraciones Públicas a través de cualquier sistema:

a) Basado en certificados electrónicos.
b) Que cuente con un registro previo como usuario que permita garantizar su identidad.
c) De clave concertada.
d) Previamente autorizado por ley.

43. Según el artículo 10 de la Ley 39/2015 (LPACAP), los interesados podrán firmar a través de cualquier medio que permita acreditar la autenticidad de la expresión de su voluntad y consentimiento, así como:

a) La fecha y lugar en que se celebra.
b) La acreditación de su identidad.
c) La salvaguarda de su contraseña.
d) La integridad e inalterabilidad del documento.

44. No se requiere el uso obligatorio de firma por parte de los interesados para:

a) Interponer recursos.
b) Presentar quejas.
c) Desistir de acciones.
d) Renunciar a derechos.

45. El proceso tecnológico que permite convertir un documento en soporte papel o en otro soporte no electrónico en un fichero electrónico que contiene la imagen codificada, fiel e íntegra del documento, se conoce en la LPACAP como:

a) Automatización.
b) Fotocopiado.
c) Autenticación.
d) Digitalización.

46. El artículo 53.1 de la LPACAP, reconoce que los interesados en un procedimiento administrativo tienen derecho a formular alegaciones, utilizar los medios de defensa admitidos por el Ordenamiento Jurídico, y a aportar documentos:

a) En cualquier fase del procedimiento.
b) En cualquier fase del procedimiento anterior a la resolución.
c) En cualquier fase del procedimiento anterior al trámite de audiencia.
d) En cualquier momento de la fase de instrucción.

47. En caso de que excepcionalmente, en un procedimiento, el interesado deba presentar un documento original, tendrá derecho a:

a) Obtener una copia autenticada del documento original.
b) No desprenderse de él, presentándolo únicamente para que el funcionario correspondiente autentifique una copia con la que se quedará, devolviendo el original al interesado.
c) Recuperarlo en un plazo máximo de 30 días.
d) Ninguna norma puede exigir la presentación de documentos originales.

48. En las disposiciones de creación de registros electrónicos no es necesario especificar:

a) Los días declarados como inhábiles.
b) La caducidad del registro.
c) El órgano o unidad responsable de su gestión.
d) La fecha y hora oficial.

49. Aquellos documentos e información cuyo régimen especial establezca una forma de presentación en el registro distinta a la que se haya utilizado:

a) No se tendrán por presentados.
b) Paralizarán el procedimiento hasta que sean presentados reglamentariamente.
c) Solo producirán efectos si el instructor ve necesaria su inclusión.
d) Se tendrán por presentados pero no podrán generar derechos.

50. A partir de la entrada en funcionamiento del Registro Electrónico General siguiendo lo previsto en la LPACAP, las oficinas de la actual red de oficinas en materia de registros, pasarán a denominarse:

a) Oficinas de asistencia en materia de registros.
b) Oficinas secundarias de registro.
c) Oficinas de apoyo al Registro Electrónico General.
d) Oficinas de registro electrónico secundario.

51. Señalar la opción incorrecta. El artículo 105 b) de la Constitución establece que la ley regulará el acceso de los ciudadanos a los archivos y registros administrativos, exceptuando, a su vez, las materias que afecten a:

a) La seguridad y defensa del Estado.
b) La averiguación de los delitos.
c) La resolución de los procedimientos.
d) La intimidad de las personas.

52. El artículo 105 b) de la Constitución establece que la ley regulará el acceso de los ciudadanos a los archivos y registros administrativos, exceptuando, a su vez, las materias que afecten a:

a) La seguridad y defensa del Estado.
b) La averiguación de los delitos.
c) La intimidad de las personas.
d) Todas son correctas.

53. La publicación en las sedes electrónicas de informaciones, servicios y transacciones respetará:

a) Los principios de accesibilidad y uso.
b) Estándares abiertos
c) Aquellos otros estándares que sean de uso generalizado por los ciudadanos.
d) Todas son correctas.

54. Cualquier acto o actuación realizada íntegramente a través de medios electrónicos por una Administración Pública en el marco de un procedimiento administrativo y en la que no haya intervenido de forma directa un empleado público, se denomina:

a) Actuación administrativa automatizada.
b) Actuación administrativa autenticada.
c) Actuación electrónica auténtica.
d) Ninguna es correcta.

55. El acceso por el interesado, debidamente identificado, al contenido de la actuación administrativa correspondiente a través de la sede electrónica del órgano u organismo público actuante:

a) Es una manera válida de notificar, por comparecencia electrónica.
b) No es un medio de notificación autorizado reglamentariamente.
c) Tendrá efectos de notificación si el interesado manifiesta expresamente su consentimiento.
d) Siempre se entenderá como practicada la notificación, aunque no quede constancia de dicho acceso.

56. Para que la comparecencia electrónica del interesado produzca los efectos de notificación, se requerirá que:

a) Una vez producido el acceso a la notificación visualice un aviso del carácter de notificación de la actuación administrativa que tendrá dicho acceso.
b) El interesado firme electrónicamente y previamente su consentimiento.
c) El sistema de información correspondiente deje constancia de dicho acceso con indicación de fecha y hora.
d) La comparecencia electrónica no es forma de practicar una notificación.

57. En relación con las notificaciones no es cierto que:

a) Deban contener el texto íntegro de la resolución.
b) Se practicarán preferentemente por medios electrónicos.
c) Las que contengan medios de pago a favor de los obligados deberán efectuarse por medios electrónicos.
d) En los procedimientos iniciados a solicitud del interesado, la notificación se practicará por el medio señalado al efecto por el interesado.

58. Cuando la notificación por medios electrónicos sea de carácter obligatorio, o haya sido expresamente elegida por el interesado, se entenderá rechazada cuando hayan transcurrido desde la puesta a disposición de la notificación sin que se acceda a su contenido:

a) 7 días naturales.
b) 10 días naturales.
c) 15 días naturales.
d) 20 días naturales.

59. Las notificaciones por medios electrónicos se entenderán practicadas:

a) En el momento de su emisión.
b) En el momento en que se produzca el acceso a su contenido.
c) En el momento que el interesado acredite su recepción.
d) En el plazo de 10 días naturales desde su puesta a disposición del interesado.

60. Con carácter previo a la elaboración de un proyecto o anteproyecto de ley o de reglamento, se sustanciará una consulta pública, a través del portal web de la Administración competente en la que se recabará la opinión de los sujetos y de las organizaciones más representativas potencialmente afectados por la futura norma. La consulta pública podrá omitirse cuando la norma:

a) Tenga un impacto significativo en la actividad económica.
b) Imponga obligaciones relevantes a los destinatarios.
c) Afecte a derechos o intereses legítimos de colectivos de personas.
d) Regule aspectos parciales de una materia.

61. Se define como "dirección electrónica disponible para los ciudadanos a través de redes de telecomunicaciones cuya titularidad, gestión y administración corresponde a una Administración Pública, órgano o entidad administrativa en el ejercicio de sus competencias":

a) Sede electrónica.
b) Administración electrónica.
c) Página web de una Administración Pública.
d) Estándar abierto.

62. Según el Decreto 69/2012, de 29 de marzo, por el que se establece el marco general para la mejora de la calidad de los servicios prestados por los órganos y unidades de la Administración de la Junta de Comunidades de Castilla-La Mancha y sus Organismos públicos vinculados o dependientes, los compromisos de calidad de las cartas de servicios deben ser cuantificables y fácilmente:

a) Reconocibles.
b) Cumplibles.
c) Asumibles por el personal al servicio de la Administración Pública.
d) Invocables por los usuarios.

63. Según el Decreto 69/2012, de 29 de marzo, el periodo de validez de las cartas de servicios no puede ser superior a:

a) Dos años.
b) Tres años.
c) Cuatro años.
d) Cinco años.

64. ¿Qué órgano se constituye como oficina de protección de la Carta de Derechos del ciudadano de Castilla-La Mancha?

a) La oficina del Defensor del Pueblo.
b) La Dirección General de Calidad de los Servicios.
c) La Inspección General de Servicios.
d) La Ventanilla Única de la Directiva de Servicios.

65. Según el Decreto 30/1999, los ciudadanos y ciudadanas de Castilla-La Mancha o cualquier otra persona física o jurídica que entable relación con la Administración de la Junta de Comunidades, por su propia iniciativa o para cumplir alguna obligación legal, tienen derecho a conocer el plazo máximo normativamente establecido para la resolución y notificación de los procedimientos, así como de los efectos que pueda producir el silencio administrativo:

a) En los 10 días siguientes a la recepción de su solicitud en el registro del órgano competente.
b) En los 15 días siguientes a la recepción de su solicitud en el registro del órgano competente.
c) En los 20 días siguientes a la recepción de su solicitud en el registro del órgano competente.
d) En los 30 días siguientes a la recepción de su solicitud en el registro del órgano competente.

66. Según la Carta de Derechos del ciudadano de Castilla-La Mancha, los ciudadanos y ciudadanas de Castilla-La Mancha o cualquier otra persona física o jurídica que entable relación con la Administración de la Junta de Comunidades, por su propia iniciativa o para cumplir alguna obligación legal, tienen derecho a recibir contestación escrita del delegado provincial, secretario general técnico o director general competente, de las quejas, reclamaciones o sugerencias que hayan presentado; en un plazo de:

a) 10 días.
b) 15 días.
c) 20 días.
d) 30 días.

67. Todas las entidades integrantes del sector público institucional estatal contarán en el momento de su creación, con un plan de actuación que contendrá líneas estratégicas en torno a las cuales se desenvolverá la actividad de la entidad, que se revisarán:

a) Cada tres años.
b) Cada dos años.
c) Cada año.
d) No tienen revisión.

68. En relación al régimen de adscripción de las fundaciones es cierto que:

a) El cambio de adscripción a una Administración Pública, cualquiera que fuere su causa, no conlleva la modificación de los estatutos.
b) Los estatutos de cada fundación determinarán la Administración Pública a la que estará adscrita.

c) La fundación del sector público quedará adscrita, en cada ejercicio presupuestario y por todo este periodo a la Administración Pública que ostente el menor porcentaje de participación en el fondo patrimonial.

d) Todas son correctas.

69. Las entidades de derecho público que, vinculadas a la Administración General del Estado y con personalidad jurídica propia, tienen atribuidas funciones de regulación o supervisión de carácter externo sobre sectores económicos o actividades determinadas, por requerir su desempeño de independencia funcional o una especial autonomía respecto de la Administración General del Estado, se denominan:

a) Sociedades mercantiles estatales.

b) Fundaciones.

c) Autoridades administrativas independientes de ámbito estatal.

d) Organismos autónomos estatales.

70. Respecto a la transformación de las entidades integrantes del sector público institucional estatal, señale la respuesta correcta:

a) La transformación conllevará la conservación de la personalidad jurídica.

b) La transformación alterará las condiciones financieras de las obligaciones asumidas.

c) La transformación podrá ser entendida como causa de resolución de las relaciones jurídicas.

d) Ninguna es correcta.

71. ¿Cómo se ha de llevar a cabo la transformación de las entidades integrantes del sector público institucional estatal?

a) Mediante Ley.

b) Mediante Decreto-Ley.

c) Mediante Real Decreto.

d) Por Real Decreto Legislativo.

72. El personal al servicio de los organismos autónomos será funcionario o laboral y se regirá por lo previsto, además de la normativa reguladora de los funcionarios públicos y por la normativa laboral:

a) Por Convenios Colectivos.

b) Por el Estatuto Básico del Empleado Público.

c) Únicamente por el Estatuto de los Trabajadores.

d) Ninguna es correcta.

73. El personal de las sociedades mercantiles estatales, incluido el que tenga condición de directivo, se regirá ¿por qué Derecho?

a) Administrativo.

b) Mercantil.

c) Laboral.

d) Civil.

74. La Ley que regula la Estabilidad Presupuestaria y Sostenibilidad Financiera es:

a) Ley Orgánica 2/2012, de 27 de abril.

b) Ley 33/2003, de 3 de noviembre.

c) Real Decreto Legislativo 5/2015, de 30 de octubre.

d) Ley 9/2017, de 8 de noviembre.

75. Las entidades públicas empresariales se rigen por el Derecho privado:

a) Siempre.

b) Excepto en la formación de la voluntad de sus órganos.

c) En ningún caso puesto que se rigen por el Derecho público.

d) Ninguna es correcta.

76. Los órganos administrativos podrán dirigir las actividades de sus órganos jerárquicamente dependientes mediante instrucciones y órdenes de servicio, conforme al artículo 6 de la Ley 40/2015, de Régimen Jurídico del Sector Público. ¿Cuál de las afirmaciones siguientes es adecuada con relación a las mismas?

a) El incumplimiento de las instrucciones u órdenes de servicio determina por si solo la invalidez del acto dictado.

b) El incumplimiento de las instrucciones u órdenes de servicio dará lugar en todo caso a responsabilidad disciplinaria.

c) Para que surtan eficacia las instrucciones y órdenes de servicio se publicarán siempre en el boletín oficial que corresponda.

d) Ninguna es correcta.

77. Según el artículo 3 de la Ley 40/2015, uno de los principios de acuerdo con los que actúa la Administración Pública es el de buena fe, confianza legítima y:

a) Lealtad institucional.

b) Proximidad a los ciudadanos.

c) Servicio efectivo a los ciudadanos.

d) Responsabilidad.

78. Según el artículo 3 de la Ley 40/2015, uno de los principios de acuerdo con los que actúa la Administración Pública es el de simplicidad, claridad y:

a) Economía.

b) Eficacia.

c) Proximidad a los ciudadanos.

d) Racionalización.

79. Según el artículo 3 de la Ley 40/2015, uno de los principios de acuerdo con los que actúa la Administración Pública es el de participación, objetividad y:

a) Transparencia de la actuación administrativa.
b) Evaluación de los resultados.
c) Adecuación estricta de los medios a los fines institucionales.
d) Colaboración.

80. Señala cuál de los siguientes no es uno de los objetivos de la Ley 40/2015, de 1 de octubre, del Régimen Jurídico del Sector Público:

a) Regular las bases del régimen jurídico de las Administraciones Públicas.
b) Establecer los principios del sistema de responsabilidad de las Administraciones Públicas y de la potestad sancionadora.
c) Establecer la organización y funcionamiento de la Administración General del Estado y de su sector público institucional para el desarrollo de sus actividades.
d) Regular los principios a los que se ha de ajustar el ejercicio de la iniciativa legislativa y la potestad reglamentaria.

81. Las Administraciones Públicas sirven con objetividad:

a) Los intereses generales.
b) Las políticas del Gobierno.
c) Los valores superiores.
d) Los derechos y deberes fundamentales.

82. Las Administraciones Públicas actúan con sometimiento pleno a la Constitución, a la Ley y a:

a) Los Tratados Internacionales.
b) Los Derechos Humanos.
c) El Rey.
d) El Derecho.

83. Las Administraciones Públicas que, en el ejercicio de sus respectivas competencias, establezcan medidas que limiten el ejercicio de derechos individuales o colectivos o exijan el cumplimiento de requisitos para el desarrollo de una actividad, deberán aplicar el principio de:

a) Reciprocidad.
b) Imparcialidad.
c) Proporcionalidad.
d) Independencia.

84. De los siguientes, ¿cuál no es un requisito exigido para la creación de cualquier órgano administrativo?

a) Determinación de su forma de integración en la Administración Pública de que se trate y su dependencia jerárquica.

b) Delimitación de sus funciones y competencias.

c) Dotación de los créditos necesarios para su puesta en marcha y funcionamiento.

d) Identificación de los órganos con los que vayan a causar duplicación de competencias.

85. En cuanto a la competencia de los órganos administrativos:

a) La competencia es renunciable por los órganos que la tengan atribuida.

b) La titularidad y el ejercicio de las competencias atribuidas a los órganos administrativos no podrán ser desconcentradas en otros jerárquicamente dependientes de aquellos.

c) La encomienda de gestión, la delegación de firma y la suplencia no suponen alteración de la titularidad de la competencia, aunque sí de los elementos determinantes de su ejercicio que en cada caso se prevén.

d) Si alguna disposición atribuye competencia a una Administración, sin especificar el órgano que debe ejercerla, se entenderá que la facultad de instruir y resolver los expedientes corresponde a los órganos superiores competentes por razón de la materia y del territorio.

86. En referencia a los órganos administrativos, podrán delegar competencias relativas a:

a) Asuntos que se refieran a relaciones con la Jefatura del Estado.

b) La adopción de disposiciones de carácter general.

c) La resolución de recursos en los órganos administrativos que hayan dictado los actos objeto de recurso.

d) El ejercicio de la potestad sancionadora.

87. En relación a la delegación de competencias entre órganos administrativos, no es cierto que:

a) La delegación puede ser revocada en cualquier momento por el órgano que la haya conferido.

b) La delegación de competencias atribuidas a órganos colegiados, para cuyo ejercicio ordinario se requiera un quórum especial, deberá adoptarse observando, en todo caso, dicho quórum.

c) Las competencias que se ejercen por delegación pueden ser delegadas.

d) No podrán ser delegadas aquellas materias en que así se determine por norma con rango de ley.

88. En cuanto a la delegación de firma, es cierto que:

a) La delegación de firma altera la competencia del órgano delegante.

b) Para su validez es necesaria su publicación.

c) Solo puede delegarse la firma en materias que se ostenten por atribución.

d) En las resoluciones y actos que se firmen por delegación se hará constar la autoridad de procedencia.

89. En relación a los conflictos de atribuciones entre órganos administrativos, no es cierto que:

a) El órgano administrativo que se estime incompetente para la resolución de un asunto remitirá directamente las actuaciones al órgano que considere competente.

b) Los interesados que sean parte en el procedimiento podrán dirigirse al órgano que se encuentre conociendo de un asunto para que decline su competencia y remita las actuaciones al órgano competente.

c) Los interesados podrán dirigirse al órgano que estimen competente para que requiera de inhibición al que esté conociendo del asunto.

d) Los conflictos de atribuciones solo podrán suscitarse entre órganos de una misma Administración relacionados jerárquicamente.

90. En relación a las instrucciones y órdenes de servicio, no es cierto que:

a) El incumplimiento de las instrucciones u órdenes de servicio supone la invalidez de los actos dictados por los órganos administrativos.

b) Son normas de carácter interno, que no han de afectar a los administrados.

c) No requieren un especial procedimiento de elaboración.

d) Su cumplimiento se subordina al conocimiento de las mismas por sus destinatarios.

91. Señala la opción incorrecta. Las autoridades y el personal al servicio de las Administraciones se abstendrán de intervenir en el procedimiento:

a) Cuando tengan interés personal en el asunto de que se trate o en otro en cuya resolución pudiera influir la de aquel.

b) Si tienen parentesco de consanguinidad o de afinidad dentro del cuarto grado, con cualquiera de los interesados.

c) Tener amistad íntima con los administradores de entidades o sociedades interesadas o con los asesores, representantes legales o mandatarios que intervengan en el procedimiento.

d) Haber tenido intervención como perito o como testigo en el procedimiento de que se trate.

92. Señala la opción correcta en relación con la abstención en el procedimiento:

a) La actuación de autoridades y personal al servicio de las Administraciones Públicas en los que concurran motivos de abstención implicará, necesariamente, la invalidez de los actos en que hayan intervenido.

b) Los órganos jerárquicamente superiores podrán ordenar a las personas en quienes se dé alguna de las circunstancias señaladas en el art. 23 de la LRJSP que se abstengan de toda intervención en el expediente.

c) La no abstención en los casos en que proceda no dará lugar a responsabilidad.

d) La enemistad manifiesta no es motivo de abstención en el procedimiento de una autoridad de la Administración Pública.

93. En lo concerniente a la recusación, a la que se refiere el art. 24 de la LRJSP:

a) La recusación deberá promoverse por los interesados antes de que se inicie la tramitación del procedimiento.

b) La recusación se planteará por escrito en el que se expresará la causa o causas en que se funda.

c) Si el recusado niega la causa de recusación, el superior resolverá en el plazo de tres meses, previos los informes y comprobaciones que considere oportunos.

d) Contra las resoluciones adoptadas en esta materia cabe recurso de alzada.

94. Los órganos administrativos podrán dirigir las actividades de sus órganos jerárquicamente dependientes mediante:

a) Instrucciones y Órdenes de servicio.

b) Circulares.

c) Notas de servicio y Recomendaciones.

d) Directrices y Avisos.

95. Según el artículo 7 de la LRJSP, la Administración consultiva podrá articularse a través de los servicios de la Administración activa que prestan asistencia jurídica. En tal caso, dichos servicios:

a) Estarán sujetos a dependencia jerárquica orgánica pero no funcional.

b) No podrán recibir instrucciones, directrices o cualquier clase de indicación de los órganos que hayan elaborado las disposiciones o producido los actos objeto de consulta.

c) Podrán actuar como órganos individuales o como órganos colegiados.

d) Podrán suponer duplicación de otros ya existentes para tener la posibilidad de contrastar pareceres.

Solución al test n.º 5

1. c) Eficiencia.

2. b) El Gobierno.

3. d) Ninguno.

4. a) Anualmente.

5. a) En el Registro Estatal de Órganos e Instrumentos de Cooperación.

6. b) El Presidente del Gobierno.

7. c) Las Comisiones Bilaterales de Cooperación podrán crear Grupos de trabajo y podrán convocarse y adoptar acuerdos por videoconferencia o por medios electrónicos.

8. c) Los convenios podrán tener por objeto prestaciones propias de los contratos.

9. c) Cuatro años.

10. c) Cualquier informe preceptivo que establezca la normativa aplicable.

11. a) Serán remitidos al Senado por el Ministerio de Política Territorial y Función Pública.

12. b) Aquellos convenios cuyos compromisos económicos asumidos superen los 600.000 euros.

13. c) La Ley y al Derecho.

14. d) Todas las respuestas son correctas.

15. b) Servicio efectivo a los ciudadanos.

16. c) Local.

17. a) Territorial y funcional o institucional.

18. c) Desconcentración.

19. d) Buena fe, confianza legítima y lealtad institucional.

20. d) El principio de confianza legítima.

21. c) El Presidente de la Conferencia Sectorial.

22. a) Recomendación.

23. a) De la Conferencia Sectorial de Administración Pública.

24. d) Todas las respuestas son correctas.

25. d) El art. 105.

26. c) El Consejo de Estado.

27. a) El interés público.

28. b) Las agencias estatales están dotadas de los mecanismos de autonomía funcional, responsabilidad por la gestión y control de resultados establecidos reglamentariamente.

29. c) Los Tribunales.

30. a) Avocación.

31. c) Un derecho de los ciudadanos.

32. a) Identificar a las autoridades y al personal al servicio de las Administraciones Públicas bajo cuya responsabilidad se tramiten los procedimientos.

33. a) Orientación.

34. a) Punto general de acceso.

35. d) El medio elegido por la persona para comunicarse con las Administraciones Públicas no puede ser modificado a lo largo del procedimiento.

36. b) Todo aquel que ostente la representación de un interesado.

37. c) Las Administraciones Públicas podrán establecer reglamentariamente la obligatoriedad de comunicarse con ellas utilizando solo medios electrónicos.

38. b) Los efectos que produzca el silencio administrativo.

39. c) A menos que su naturaleza exija otra forma más adecuada de expresión y constancia.

40. a) La firma electrónica.

41. a) Será suficiente con que los interesados acrediten previamente su identidad a través de cualquiera de los medios de identificación previstos en la ley.

42. b) Que cuente con un registro previo como usuario que permita garantizar su identidad.

43. d) La integridad e inalterabilidad del documento.

44. b) Presentar quejas.

45. d) Digitalización.

46. c) En cualquier fase del procedimiento anterior al trámite de audiencia.

47. a) Obtener una copia autenticada del documento original.

48. b) La caducidad del registro.

49. a) No se tendrán por presentados.

50. a) Oficinas de asistencia en materia de registros.

51. c) La resolución de los procedimientos.

52. d) Todas son correctas.

53. d) Todas son correctas.

54. a) Actuación administrativa automatizada.

55. a) Es una manera válida de notificar, por comparecencia electrónica.

56. c) El sistema de información correspondiente deje constancia de dicho acceso con indicación de fecha y hora.

57. c) Las que contengan medios de pago a favor de los obligados deberán efectuarse por medios electrónicos.

58. b) 10 días naturales.

59. b) En el momento en que se produzca el acceso a su contenido.

60. d) Regule aspectos parciales de una materia.

61. a) Sede electrónica.

62. d) Invocables por los usuarios.

63. a) Dos años.

64. c) La Inspección General de Servicios.

65. a) En los 10 días siguientes a la recepción de su solicitud en el registro del órgano competente.

66. b) 15 días.

67. a) Cada tres años.

68. b) Los estatutos de cada fundación determinarán la Administración Pública a la que estará adscrita.

69. c) Autoridades administrativas independientes de ámbito estatal.

70. a) La transformación conllevará la conservación de la personalidad jurídica.

71. c) Mediante Real Decreto.

72. b) Por el Estatuto Básico del Empleado Público.

73. c) Laboral.

74. a) Ley Orgánica 2/2012, de 27 de abril.

75. b) Excepto en la formación de la voluntad de sus órganos.

76. c) Para que surtan eficacia las instrucciones y órdenes de servicio se publicarán siempre en el boletín oficial que corresponda.

77. a) Lealtad institucional.

78. c) Proximidad a los ciudadanos.

79. a) Transparencia de la actuación administrativa.

80. d) Regular los principios a los que se ha de ajustar el ejercicio de la iniciativa legislativa y la potestad reglamentaria.

81. a) Los intereses generales.

82. d) El Derecho.

83. c) Proporcionalidad.

84. d) Identificación de los órganos con los que vayan a causar duplicación de competencias.

85. c) La encomienda de gestión, la delegación de firma y la suplencia no suponen alteración de la titularidad de la competencia, aunque sí de los elementos determinantes de su ejercicio que en cada caso se prevén.

86. d) El ejercicio de la potestad sancionadora.

87. c) Las competencias que se ejercen por delegación pueden ser delegadas.

88. d) En las resoluciones y actos que se firmen por delegación se hará constar la autoridad de procedencia.

89. d) Los conflictos de atribuciones sólo podrán suscitarse entre órganos de una misma Administración relacionados jerárquicamente.

90. a) El incumplimiento de las instrucciones u órdenes de servicio supone la invalidez de los actos dictados por los órganos administrativos.

91. b) Si tienen parentesco de consanguinidad o de afinidad dentro del cuarto grado, con cualquiera de los interesados.

92. b) Los órganos jerárquicamente superiores podrán ordenar a las personas en quienes se dé alguna de las circunstancias señaladas en el art. 23 de la LRJSP que se abstengan de toda intervención en el expediente.

93. b) La recusación se planteará por escrito en el que se expresará la causa o causas en que se funda.

94. a) Instrucciones y Órdenes de servicio.

95. b) No podrán recibir instrucciones, directrices o cualquier clase de indicación de los órganos que hayan elaborado las disposiciones o producido los actos objeto de consulta.

Los actos administrativos: requisitos y eficacia. Nulidad y anulabilidad. La notificación y ejecución de los actos. La revisión de los actos en vía administrativa: revisión de oficio y recursos administrativos

1. El contenido eventual del acto supone:

a) Que este puede estar condicionado.
b) Que se presume en todos los actos del mismo tipo.
c) Que es connatural con el acto de que se trate.
d) Su carácter reglado.

2. Cuando algo necesariamente forma parte de un acto administrativo, hablamos de contenido:

a) Natural.
b) Legal.
c) Eventual.
d) Implícito.

3. La regla general cuando un acto infringe el ordenamiento jurídico es:

a) Su anulabilidad.
b) Su validez temporal.
c) Su nulidad relativa.
d) Las respuestas a) y c) son correctas.

4. Las resoluciones administrativas que vulneren lo establecido en una disposición reglamentaria son:

a) Nulas.
b) Válidas.
c) Anulables.
d) Temporalmente válidas.

5. Las cláusulas accesorias de un acto administrativo forman parte del contenido:

a) Natural del acto.
b) Implícito del mismo.
c) Legal del acto.
d) Eventual del acto.

6. Un acto complejo es aquel:

a) En el que intervienen, sucesivamente, en virtud de la tutela administrativa, dos órganos administrativos.
b) Que se adopta por un órgano colegiado.
c) En cuyo proceso de elaboración se ha evacuado el dictamen de un órgano consultivo.
d) En cuya emisión de voluntad han de intervenir, como mínimo, dos órganos administrativos.

7. Los efectos de una declaración de nulidad absoluta se producen desde:

a) Que se notifica el acto anulatorio.
b) El momento de la declaración de la nulidad.
c) La notificación o publicación del acto anulatorio, según los casos.
d) Que se dictó el acto anulado.

8. Según dispone el art. 41 LPACAP, las notificaciones se practicarán preferentemente:

a) Por la vía postal.
b) Telefónicamente.
c) Por medios electrónicos.
d) Por el medio más rápido y económico para la Administración.

9. Según provengan de un solo órgano administrativo o de dos o más órganos administrativos, los actos administrativos se clasifican en:

a) Actos únicos y actos múltiples.
b) Actos de trámite y actos complejos.
c) Actos simples y complejos.
d) Actos básicos y actos complejos.

10. El procedimiento, que es la vía a través de la cual se elabora la declaración de voluntad, deseo, conocimiento o juicio de la Administración, en que consiste el acto, es un elemento del acto administrativo de tipo:

a) Objetivo.
b) Subjetivo.
c) Formal.
d) Accidental.

11. ¿Cuándo podrá la Administración Pública convalidar un acto administrativo?

a) Cuando el vicio consiste en incompetencia jerárquica.
b) Cuando el vicio consiste en incompetencia funcional.
c) Cuando el vicio consiste en incompetencia territorial.
d) En ninguno de los anteriores casos.

12. Serán motivados, con sucinta referencia de hechos y fundamentos de derecho:

a) Los actos que se separen del criterio seguido en actuaciones precedentes o del dictamen de órganos consultivos.
b) Los actos que limiten derechos subjetivos o intereses legítimos
c) Los actos que resuelvan procedimientos de revisión de oficio de disposiciones o actos administrativos, recursos administrativos y procedimientos de arbitraje y los que declaren su inadmisión.
d) Todas las respuestas son correctas.

13. Cuando la Administración Pública actúa como persona de Derecho Privado:

a) Solo puede ser controlada por los Tribunales contencioso-administrativos.
b) No dicta actos administrativos.
c) Su actividad es puramente discrecional.
d) Puede actuar sin límite alguno, como cualquier particular.

14. El contenido de un acto administrativo ha de ser:

a) Ilícito y determinado.
b) Posible y lícito.
c) Determinado o determinable e ilícito.
d) Imposible y lícito.

15. Las cláusulas accesorias de un acto administrativo forman parte del contenido:

a) Natural del acto.
b) Implícito del mismo.
c) Legal del acto.
d) Eventual del acto.

16. ¿En qué supuestos la notificación se hará por medio de un anuncio publicado en el Boletín Oficial del Estado?

a) Cuando se ignore el lugar de la notificación.
b) Cuando los interesados en un procedimiento sean conocidos.
c) Cuando intentada la notificación, no se hubiera podido practicar.
d) Las respuestas a) y c) son correctas.

17. Para que un acto tenga eficacia retroactiva es necesario que:

a) Limite derechos de los particulares.
b) Restrinja el ejercicio de facultades de los particulares.
c) Imponga deberes u obligaciones.
d) No se lesionen derechos de otras personas.

18. La presunción de legitimidad de los actos administrativos:

a) No admite prueba en contrario.
b) Dependerá de lo que el propio acto establezca.
c) Puede ser objeto de impugnación por el particular.
d) Solo se da cuando la ley expresamente lo diga.

19. Cuando la notificación se practique en el domicilio del interesado, de no hallarse presente, podrá hacerse cargo de la misma cualquier persona que se encuentre en el domicilio, haga constar su identidad y sea:

a) Mayor de catorce años.
b) Mayor de dieciséis años.
c) Mayor de dieciocho años.
d) Mayor de veintiún años.

20. Señala la respuesta incorrecta. Los actos administrativos serán objeto de publicación:

a) Cuando así lo establezcan las normas reguladoras de cada procedimiento.
b) Cuando lo aconsejen razones de interés público apreciadas por el órgano competente.
c) Cuando el acto tenga por destinatario a una pluralidad indeterminada de personas.
d) Siempre.

21. La notificación de un acto administrativo:

a) Suspende su eficacia hasta que se efectúe tratándose de actos generales.
b) No impide su ejecutividad una vez efectuada.
c) Suspende su eficacia una vez realizada.
d) Ha de hacerse con todo tipo de actos.

22. Cuando la notificación por medios electrónicos sea de carácter obligatorio, o haya sido expresamente elegida por el interesado, se entenderá rechazada cuando hayan transcurrido:

a) Diez días naturales desde la puesta a disposición de la notificación sin que se acceda a su contenido.
b) Siete días naturales desde la puesta a disposición de la notificación sin que se acceda a su contenido.

c) Cinco días naturales desde la puesta a disposición de la notificación sin que se acceda a su contenido.

d) Tres días naturales desde la puesta a disposición de la notificación sin que se acceda a su contenido.

23. La cesación definitiva del acto se producirá por:

a) El total cumplimiento del propio acto.
b) El transcurso del plazo en él mismo señalado, si estaba limitado en el tiempo.
c) El cumplimiento de la condición resolutoria a que pudiera estar sujeto.
d) Todas las respuestas son correctas.

24. Según se manifiesten los actos formalmente, por escrito generalmente, o surjan al exterior en virtud del mecanismo del silencio administrativo, que puede ser positivo o negativo, los actos administrativos se clasifican en:

a) Actos singulares y generales.
b) Actos expresos y presuntos.
c) Actos reglados y discrecionales.
d) Actos definitivos y actos de trámite.

25. Los actos de las Administraciones Públicas sujetos al Derecho Administrativo serán inmediatamente ejecutivos, salvo que:

a) Se necesite aprobación o autorización superior.
b) Una disposición establezca lo contrario.
c) Se produzca la suspensión de la ejecución del acto.
d) Todas las respuestas son correctas.

26. El recurso de alzada contra actos que no agotan la vía administrativa es:

a) Extraordinario.
b) La regla general.
c) Especial.
d) Inexistente.

27. El plazo máximo para dictar y notificar la resolución de un recurso de reposición será de:

a) 1 mes.
b) 2 meses.
c) 3 meses.
d) 6 meses.

28. El recurso de reposición contra actos que no agotan la vía administrativa es:

a) Ordinario.
b) Extraordinario.
c) Especial.
d) Inexistente.

29. La declaración de lesividad no podrá adoptarse una vez transcurrido/s desde que se dictó el acto administrativo:

a) Un año.
b) Dos años.
c) Tres años.
d) Cuatro años.

30. Para plantear un recurso administrativo:

a) Hay que tener capacidad jurídica, sin requerirse la capacidad de obrar.
b) Basta con la capacidad de obrar.
c) Se requiere, siempre, ser titular de un derecho subjetivo afectado por el acto que se recurre.
d) Puede hacerlo quien ostente la condición de interesado.

31. Para que pueda entablarse un recurso extraordinario de revisión por error de hecho, este:

a) Ha de ser declarado por sentencia judicial firme.
b) Ha de haberse adoptado por cohecho.
c) Ha de derivar de documentos habidos en el expediente.
d) Nada de lo anterior es cierto.

32. La revisión de los actos por los recursos administrativos:

a) Corresponde a la propia Administración Pública.
b) Supone una actuación excepcional por la Administración Pública sobre sus actos firmes.
c) Compete a los órganos jurisdiccionales de lo contencioso-administrativo.
d) Se da solo en supuestos tasados y límites.

33. No es motivo bastante para interponer un recurso de revisión que:

a) Se haya incurrido en manifiesto error de hecho al dictar el acto.
b) Hubiere mediado cohecho en la resolución.
c) Se haya dictado por órgano manifiestamente incompetente.
d) Hayan influido documentos declarados falsos por sentencia judicial firme.

34. Se puede sustituir en determinados supuestos por procedimientos de mediación y arbitraje el:

a) Recurso de alzada.
b) Recurso de revisión.
c) Recurso de reposición.
d) Las respuestas a) y c) son ciertas

35. El recurso de revisión es:

a) Unitario.
b) Ordinario.
c) Especial.
d) Extraordinario.

36. El recurso de alzada se presentará:

a) Ante el superior jerárquico del órgano que dictó el acto.
b) Ante el Tribunal contencioso competente.
c) Ante el órgano que dictó el acto.
d) Indistintamente, ante el órgano que dictó el acto o el superior jerárquico que deba decidirlo.

37. Como consecuencia del principio de congruencia, al resolver un recurso, la Administración Pública:

a) Podrá agravar la situación inicial del recurrente.
b) Deberá ajustarse a las peticiones del recurrente.
c) Lo desestimará, manteniendo el acto administrativo.
d) Solo decidirá sobre las cuestiones planteadas por el recurrente sin entrar en otras que deriven del procedimiento.

38. La reformatio in peius, en materia de recursos:

a) Se admite como regla general.
b) Solo se permite en materia sancionadora.
c) Se admite cuando el recurso está claramente infundado.
d) Está expresamente prohibida.

39. El silencio administrativo en el recurso de alzada puede ser positivo en el siguiente caso:

a) Cuando el recurso se presentó contra un acto presunto desestimatorio de la solicitud del ciudadano.
b) Cuando perjudique al ciudadano.

c) Siempre que beneficie al interés público.

d) En ningún supuesto es positivo.

40. Cuando una persona interpone un recurso de alzada denominándolo como recurso de revisión:

a) Deberá desestimarse el recurso por improcedente.

b) Deberá notificársele el error para que lo subsane.

c) No se admitirá el recurso.

d) Deberá resolverse, si del propio recurso se deduce su carácter.

41. El recurso extraordinario de revisión por manifiesto error de hecho debe plantearse:

a) A los tres meses desde que se produjo.

b) A los cuatro años desde que se conoció.

c) Dentro de los cuatro años desde la notificación del acto.

d) No puede darse nunca aisladamente.

42. La resolución de un recurso:

a) Debe circunscribirse a lo solicitado por el recurrente.

b) Resolverá cuantas cuestiones se deduzcan del expediente.

c) No es necesario que se motive.

d) Debe aceptar las razones en que se fundamente el propio recurso.

43. La terminación presunta del recurso extraordinario de revisión se dará:

a) A los tres meses de su interposición.

b) Al mes de su interposición.

c) No cabe.

d) Solo en el supuesto de que se base en manifiesto error de derecho.

44. El recurso extraordinario de revisión se interpone contra:

a) Cualquier acto administrativo.

b) Actos que no agotan la vía administrativa.

c) Los actos que agotan la vía administrativa.

d) Los actos firmes exclusivamente.

45. La resolución presunta del recurso de alzada se dará, si no recae resolución, al/a los:

a) Quince días de interponerlo.

b) Mes de su interposición.

c) Tres meses de dictarse el acto.

d) En cualquier momento a partir del día siguiente a aquel en que, de acuerdo con su normativa específica, se produzcan los efectos del silencio administrativo.

46. Si el recurso de alzada se hubiera interpuesto ante el órgano que dictó el acto impugnado, este deberá remitirlo al competente, con su informe y con una copia completa y ordenada del expediente, en el plazo de:

a) Un mes.
b) Veinte días.
c) Quince días.
d) Diez días.

47. Cuál es el plazo máximo para dictar y notificar la resolución del recurso potestativo de reposición:

a) Tres meses.
b) Un mes.
c) Veinte días.
d) Quince días.

48. A tenor del art. 115 LPACAP, la interposición del recurso administrativo deberá expresar:

a) El acto que se recurre y la razón de su impugnación.
b) El nombre y apellidos del recurrente, así como la identificación personal del mismo.
c) El órgano, centro o unidad administrativa al que se dirige y su correspondiente código de identificación.
d) Todas las respuestas son correctas.

49. Señala la respuesta incorrecta respecto al recurso administrativo:

a) La interposición de cualquier recurso suspenderá la ejecución del acto impugnado.
b) La ejecución del acto impugnado se entenderá suspendida si transcurrido un mes desde que la solicitud de suspensión haya tenido entrada en el registro electrónico de la Administración u Organismo competente para decidir sobre la misma, el órgano a quien competa resolver el recurso no ha dictado y notificado resolución expresa al respecto.
c) Cuando el recurso tenga por objeto la impugnación de un acto administrativo que afecte a una pluralidad indeterminada de personas, la suspensión de su eficacia habrá de ser publicada en el periódico oficial en que aquel se insertó.
d) El error o la ausencia de la calificación del recurso por parte del recurrente no será obstáculo para su tramitación, siempre que se deduzca su verdadero carácter.

50. Cuál es el plazo máximo para dictar y notificar la resolución del recurso de alzada:

a) Seis meses.
b) Tres meses.
c) Un mes.
d) Veinte días.

51. Transcurrido qué plazo desde la interposición del recurso extraordinario de revisión sin haberse dictado y notificado la resolución, se entenderá desestimado, quedando expedita la vía jurisdiccional contencioso-administrativa:

a) Tres meses.
b) Dos meses.
c) Un mes.
d) Veinte días.

52. Transcurrido qué plazo desde la iniciación del procedimiento sin que se hubiera declarado la lesividad, se producirá la caducidad del mismo:

a) Seis meses.
b) Cinco meses.
c) Tres meses.
d) Un mes.

53. Qué recurso cabe en vía administrativa contra las disposiciones administrativas de carácter general:

a) De alzada.
b) Potestativo de reposición.
c) Extraordinario de revisión.
d) Ninguno.

54. Cuando hayan de tenerse en cuenta nuevos hechos o documentos no recogidos en el expediente originario, se pondrán de manifiesto a los interesados para que formulen las alegaciones y presenten los documentos y justificantes que estimen procedentes en un plazo:

a) No inferior a siete días ni superior a veinte.
b) No inferior a diez días ni superior a quince.
c) No inferior a diez días ni superior a veinte.
d) No inferior a quince días ni superior a un mes.

55. A tenor del art. 114.1 LPACAP ponen fin a la vía administrativa:

a) Los acuerdos, pactos, convenios o contratos que tengan la consideración de finalizadores del procedimiento.
b) Las resoluciones de los recursos de alzada.
c) Las resoluciones de los órganos administrativos que carezcan de superior jerárquico, salvo que una ley establezca lo contrario.
d) Todas las respuestas son correctas.

56. La compulsión sobre las personas:

a) Deriva de la propia esencia del acto administrativo.
b) Deriva del principio de ejecutividad de los actos administrativos.
c) Deriva de la posibilidad en manos de la Administración Pública de ejecutar forzosamente algunos actos administrativos.
d) Es similar al lanzamiento administrativo.

57. ¿Cuál es el medio utilizado por la Administración para el cobro de las cantidades líquidas adeudadas a la misma que voluntariamente no han sido abonadas por los obligados a ello?

a) Apremio sobre el patrimonio.
b) Multa coercitiva.
c) Ejecución subsidiaria.
d) Compulsión sobre las personas.

58. La compulsión sobre las personas no procede en los actos que:

a) Comporten una obligación no personalísima de hacer.
b) Esta obligación sea personalísima de no hacer.
c) Esta obligación sea personalísima de soportar.
d) Se dé cualquiera de las circunstancias anteriores.

59. Entre los medios de ejecución forzosa no se encuentra el/la:

a) Desahucio administrativo.
b) Ejecución subsidiaria.
c) Multa coercitiva.
d) Compulsión sobre la persona.

60. Para que la Administración Pública pueda imponer multas coercitivas contra un ciudadano en vía de ejecución forzosa de los actos administrativos:

a) Debe existir una norma que se lo permita.
b) Lo puede hacer en cualquier caso.
c) Basta con un reglamento que se lo permita.
d) Debe haber una previsión legal expresa al efecto.

Solución al test n.º 6

1. a) Que este puede estar condicionado.

2. a) Natural.

3. d) Las respuestas a) y c) son correctas.

4. a) Nulas.

5. d) Eventual del acto.

6. d) En cuya emisión de voluntad han de intervenir, como mínimo, dos órganos administrativos.

7. d) Que se dictó el acto anulado.

8. c) Por medios electrónicos.

9. c) Actos simples y complejos.

10. c) Formal.

11. a) Cuando el vicio consiste en incompetencia jerárquica.

12. d) Todas las respuestas son correctas.

13. b) No dicta actos administrativos.

14. b) Posible y lícito.

15. d) Eventual del acto.

16. d) Las respuestas a) y c) son correctas.

17. d) No se lesionen derechos de otras personas.

18. c) Puede ser objeto de impugnación por el particular.

19. a) Mayor de catorce años.

20. d) Siempre.

21. b) No impide su ejecutividad una vez efectuada.

22. a) Diez días naturales desde la puesta a disposición de la notificación sin que se acceda a su contenido.

23. d) Todas las respuestas son correctas.

24. b) Actos expresos y presuntos.

25. d) Todas las respuestas son correctas.

26. b) La regla general.

27. a) 1 mes.

28. d) Inexistente.

29. d) Cuatro años.

30. d) Puede hacerlo quien ostente la condición de interesado.

31. c) Ha de derivar de documentos habidos en el expediente.

32. a) Corresponde a la propia Administración Pública.

33. c) Se haya dictado por órgano manifiestamente incompetente.

34. d) Las respuestas a) y c) son ciertas

35. d) Extraordinario.

36. d) Indistintamente, ante el órgano que dictó el acto o el superior jerárquico que deba decidirlo.

37. b) Deberá ajustarse a las peticiones del recurrente.

38. d) Está expresamente prohibida.

39. a) Cuando el recurso se presentó contra un acto presunto desestimatorio de la solicitud del ciudadano.

40. d) Deberá resolverse, si del propio recurso se deduce su carácter.

41. c) Dentro de los cuatro años desde la notificación del acto.

42. b) Resolverá cuantas cuestiones se deduzcan del expediente.

43. a) A los tres meses de su interposición.

44. d) Los actos firmes exclusivamente.

45. d) En cualquier momento a partir del día siguiente a aquel en que, de acuerdo con su normativa específica, se produzcan los efectos del silencio administrativo.

46. d) Diez días.

47. b) Un mes.

48. d) Todas las respuestas son correctas.

49. a) La interposición de cualquier recurso suspenderá la ejecución del acto impugnado.

50. b) Tres meses.

51. a) Tres meses.

52. a) Seis meses.

53. d) Ninguno.

54. b) No inferior a diez días ni superior a quince.

55. d) Todas las respuestas son correctas.

56. c) Deriva de la posibilidad en manos de la Administración Pública de ejecutar forzosamente algunos actos administrativos.

57. a) Apremio sobre el patrimonio.

58. a) Comporten una obligación no personalísima de hacer.

59. a) Desahucio administrativo.

60. d) Debe haber una previsión legal expresa al efecto.

TEST N.º 7

El procedimiento administrativo común y sus fases. Especialidades del procedimiento de naturaleza sancionadora y de responsabilidad patrimonial. La tramitación simplificada del procedimiento administrativo común

1. Salvo en el caso de que en la norma correspondiente se fije plazo distinto, los trámites que deban ser cumplimentados por los interesados deberán realizarse:

a) En el plazo de un mes a partir del siguiente al de la notificación del correspondiente acto.

b) En el plazo de veinte días a partir del siguiente al de la notificación del correspondiente acto.

c) En el plazo de quince días a partir del siguiente al de la notificación del correspondiente acto.

d) En el plazo de diez días a partir del siguiente al de la notificación del correspondiente acto.

2. ¿Qué recurso cabe contra el acuerdo de acumulación de procedimientos administrativos?

a) Ninguno.

b) Recurso de alzada.

c) Recurso de reposición.

d) Recurso extraordinario de revisión.

3. ¿En qué supuesto excepcional se podrá imponer una sanción sin que se haya tramitado el oportuno procedimiento?

a) En casos de urgencia.

b) En aquellos supuestos donde no dé lugar a dudas la imposición de la sanción.

c) Únicamente en aquellos supuestos donde una norma con rango de ley así lo determine.

d) En ningún caso.

4. ¿Cuándo podrán los administrados conocer el estado de la tramitación de los procedimientos en los que tengan la condición de interesados?

a) Solo en la fase de instrucción.

b) Únicamente en la fase de alegaciones.

c) Tan solo en la fase de prueba.
d) En cualquier momento.

5. ¿Cuándo se iniciarán de oficio los procedimientos?

a) Por denuncia.
b) Por acuerdo del órgano competente.
c) Por propia iniciativa.
d) Todas las respuestas son correctas.

6. Señala la respuesta incorrecta respecto al inicio del procedimiento por denuncia:

a) Las denuncias deberán expresar la identidad de la persona o personas que las presentan y el relato de los hechos que se ponen en conocimiento de la Administración.
b) La presentación de una denuncia confiere, por sí sola, la condición de interesado en el procedimiento.
c) Cuando la denuncia invocara un perjuicio en el patrimonio de las Administraciones Públicas la no iniciación del procedimiento deberá ser motivada y se notificará a los denunciantes la decisión de si se ha iniciado o no el procedimiento.
d) Se entiende por denuncia el acto por el que cualquier persona, en cumplimiento o no de una obligación legal, pone en conocimiento de un órgano administrativo la existencia de un determinado hecho que pudiera justificar la iniciación de oficio de un procedimiento administrativo.

7. ¿Cuál de los siguientes datos no es necesario que figure en las solicitudes de iniciación del procedimiento por parte de los interesados?

a) Número de teléfono.
b) Hechos, razones y petición en que se concrete, con toda claridad, la solicitud.
c) Órgano, centro o unidad administrativa a la que se dirige y su correspondiente código de identificación.
d) Firma del solicitante o acreditación de la autenticidad de su voluntad expresada por cualquier medio.

8. Los interesados solo podrán solicitar el inicio de un procedimiento de responsabilidad patrimonial, cuando no haya prescrito su derecho a reclamar. El derecho a reclamar prescribirá:

a) Al año de producido el hecho o el acto que motive la indemnización o se manifieste su efecto lesivo.
b) A los dos años de producido el hecho o el acto que motive la indemnización o se manifieste su efecto lesivo.
c) A los cinco años de producido el hecho o el acto que motive la indemnización o se manifieste su efecto lesivo.
d) Este derecho no prescribe.

9. ¿De acuerdo con qué principio se acordarán en un solo acto todos los trámites que, por su naturaleza, admitan un impulso simultáneo y no sea obligado su cumplimiento sucesivo?

a) Con el principio de oficialidad.
b) Con el principio de eficacia.
c) Con el principio de simplificación administrativa.
d) Con el principio de eficacia.

10. En cualquier momento del procedimiento, cuando la Administración considere que alguno de los actos de los interesados no reúne los requisitos necesarios, lo pondrá en conocimiento de su autor, concediéndole un plazo para cumplimentarlo:

a) De cinco días.
b) De siete días.
c) De diez días.
d) De veinte días.

11. Con arreglo al artículo 74 LPACAP, las cuestiones incidentales que se susciten en el procedimiento, incluso las que se refieran a la nulidad de actuaciones:

a) Suspenderán la tramitación del procedimiento.
b) No suspenderán la tramitación del procedimiento, salvo la recusación.
c) No suspenderán la tramitación del procedimiento en ningún caso.
d) Siempre que lo estime oportuno el instructor del procedimiento, y así lo motive suficientemente, suspenderá la tramitación del procedimiento.

12. Cuando la Administración no tenga por ciertos los hechos alegados por los interesados o la naturaleza del procedimiento lo exija, el instructor del mismo acordará la apertura de un período de prueba, a fin de que puedan practicarse cuantas juzgue pertinentes, por un plazo:

a) No superior a veinte días ni inferior a diez.
b) No superior a treinta días ni inferior a diez.
c) No superior a treinta días ni inferior a quince.
d) No superior a veinte días ni inferior a siete.

13. Señala la respuesta incorrecta respecto a los informes:

a) En la petición de informe se concretará el extremo o extremos acerca de los que se solicita.
b) El informe emitido fuera de plazo podrá no ser tenido en cuenta al adoptar la correspondiente resolución.
c) Salvo disposición expresa en contrario, los informes serán facultativos y vinculantes.
d) Si el informe debiera ser emitido por una Administración Pública distinta de la que tramita el procedimiento en orden a expresar el punto de vista correspondiente a sus competencias respectivas, y transcurriera el plazo legalmente previsto sin que aquel se hubiera emitido, se podrán proseguir las actuaciones.

14. En el caso de los procedimientos de responsabilidad patrimonial será preceptivo solicitar informe al servicio cuyo funcionamiento haya ocasionado la presunta lesión indemnizable, no pudiendo exceder el plazo de su emisión de:

a) Diez días.
b) Siete días.
c) Cinco días.
d) Dos días.

15. Según dispone el art. 82.2 de la LPACAP, los interesados podrán alegar y presentar los documentos y justificaciones que estimen pertinentes, en un plazo:

a) No inferior a veinte días ni superior a un mes.
b) No inferior a quince días ni superior a un mes.
c) No inferior a siete días ni superior a quince.
d) No inferior a diez días ni superior a quince.

16. El art. 83 de la LPACAP dispone respecto de la información pública que el anuncio señalará el lugar de exhibición, debiendo estar en todo caso a disposición de las personas que lo soliciten a través de medios electrónicos en la sede electrónica correspondiente, y determinará el plazo para formular alegaciones, que en ningún caso podrá ser inferior a:

a) Un mes.
b) Veinte días.
c) Quince días.
d) Diez días.

17. Conforme al art. 84 LPACAP, pondrán fin al procedimiento:

a) La resolución.
b) La declaración de caducidad.
c) El desistimiento.
d) Todas las respuestas son correctas.

18. Señala cuál de las siguientes es la forma normal de terminación del procedimiento:

a) El desistimiento.
b) La resolución.
c) El silencio administrativo.
d) La declaración de caducidad.

19. Señala cuál de las siguientes es una forma presunta de terminación del procedimiento:

a) La terminación convencional.
b) El silencio administrativo.

c) La renuncia al derecho en que se funde la solicitud.

d) La resolución.

20. Señala la respuesta incorrecta respecto al desistimiento y renuncia por los interesados:

a) Todo interesado podrá desistir de su solicitud o, cuando ello no esté prohibido por el ordenamiento jurídico, renunciar a sus derechos.

b) Si la cuestión suscitada por la incoación del procedimiento entrañase interés general o fuera conveniente sustanciarla para su definición y esclarecimiento, la Administración podrá limitar los efectos del desistimiento o la renuncia al interesado y seguirá el procedimiento.

c) Si el escrito de iniciación se hubiera formulado por dos o más interesados, el desistimiento o la renuncia afectará a todos ellos.

d) Tanto el desistimiento como la renuncia podrán hacerse por cualquier medio que permita su constancia, siempre que incorpore las firmas que correspondan de acuerdo con lo previsto en la normativa aplicable.

21. La Administración aceptará de plano el desistimiento o la renuncia, y declarará concluso el procedimiento salvo que, habiéndose personado en el mismo terceros interesados, instasen estos su continuación en el plazo de:

a) Un mes desde que fueron notificados del desistimiento o renuncia.

b) Veinte días desde que fueron notificados del desistimiento o renuncia.

c) Diez días desde que fueron notificados del desistimiento o renuncia.

d) Siete días desde que fueron notificados del desistimiento o renuncia.

22. En los procedimientos iniciados a solicitud del interesado, cuando se produzca su paralización por causa imputable al mismo, la Administración le advertirá que se producirá la caducidad del procedimiento transcurridos:

a) Tres meses.

b) Un mes.

c) Veinte días.

d) Quince días.

23. Salvo que reste menos para su tramitación ordinaria, los procedimientos administrativos tramitados de manera simplificada deberán ser resueltos en:

a) Treinta días, a contar desde el siguiente al que se notifique al interesado el acuerdo de tramitación simplificada del procedimiento.

b) Veinte días, a contar desde el siguiente al que se notifique al interesado el acuerdo de tramitación simplificada del procedimiento.

c) Quince días, a contar desde el siguiente al que se notifique al interesado el acuerdo de tramitación simplificada del procedimiento.

d) Diez días, a contar desde el siguiente al que se notifique al interesado el acuerdo de tramitación simplificada del procedimiento.

24. Cuál es el medio utilizado por la Administración para el cobro de las cantidades líquidas adeudadas a la misma que voluntariamente no han sido abonadas por los obligados a ello:

a) El apremio sobre el patrimonio.
b) La ejecución subsidiaria.
c) La multa coercitiva.
d) La compulsión sobre las personas.

25. Respecto a los medios de ejecución forzosa, si fuese necesario entrar en el domicilio del afectado o en los restantes lugares que requieran la autorización de su titular, las Administraciones Públicas deberán obtener el consentimiento del mismo o, en su defecto:

a) La oportuna autorización judicial.
b) La oportuna autorización policial.
c) La oportuna autorización del Ministerio Fiscal.
d) Ninguna respuesta es correcta.

26. Cuál es el medio de ejecución forzosa que suele utilizarse cuando la Administración conmina a un administrado a realizar una conducta, que puede hacerse por cualquier otro y no necesaria ni personalmente por el interesado y el obligado a ello no lo hace, en cuyo caso la Administración, bien a través de sus propios obreros, bien contratando esta obra con un tercero, la realiza, girándole, acto seguido (salvo que lo haya hecho cautelarmente), la liquidación del importe de la misma al obligado, y, si no lo abona, ejerciendo la vía de apremio para percibirlo:

a) La ejecución subsidiaria.
b) La compulsión sobre las personas.
c) El apremio sobre el patrimonio.
d) La multa coercitiva.

27. Los interesados podrán solicitar la tramitación simplificada del procedimiento. Si el órgano competente para la tramitación aprecia que no concurre alguna de las razones previstas legalmente, podrá desestimar dicha solicitud, en el plazo de:

a) Quince días desde su presentación.
b) Diez días desde su presentación.
c) Siete días desde su presentación.
d) Cinco días desde su presentación.

28. El art. 87 LPACAP señala que, antes de dictar resolución, el órgano competente para resolver podrá decidir, mediante acuerdo motivado, la realización de las actuaciones complementarias indispensables para resolver el procedimiento. El acuerdo de realización de actuaciones complementarias se notificará a los interesados, concediéndoseles un plazo, para formular las alegaciones que tengan por pertinentes tras la finalización de las mismas, de:

a) Quince días.
b) Diez días.
c) Siete días.
d) Cinco días.

29. A tenor de la LPACAP, las actuaciones complementarias deberán practicarse en un plazo no superior a:

a) Quince días.
b) Diez días.
c) Siete días.
d) Cinco días.

30. Señala el art. 71 LPACAP que el procedimiento, sometido al principio de celeridad, se impulsará de oficio en todos sus trámites y a través de medios electrónicos, respetando los principios de:

a) Publicidad e igualdad.
b) Eficacia y oportunidad.
c) Transparencia y publicidad.
d) Igualdad y legalidad.

Solución al test n.º 7

1. d) En el plazo de diez días a partir del siguiente al de la notificación del correspondiente acto.

2. a) Ninguno.

3. d) En ningún caso.

4. d) En cualquier momento.

5. d) Todas las respuestas son correctas.

6. b) La presentación de una denuncia confiere, por sí sola, la condición de interesado en el procedimiento.

7. a) Número de teléfono.

8. a) Al año de producido el hecho o el acto que motive la indemnización o se manifieste su efecto lesivo.

9. c) Con el principio de simplificación administrativa.

10. c) De diez días.

11. b) No suspenderán la tramitación del procedimiento, salvo la recusación.

12. b) No superior a treinta días ni inferior a diez.

13. c) Salvo disposición expresa en contrario, los informes serán facultativos y vinculantes.

14. a) Diez días.

15. d) No inferior a diez días ni superior a quince.

16. b) Veinte días.

17. d) Todas las respuestas son correctas.

18. b) La resolución.

19. b) El silencio administrativo.

20. c) Si el escrito de iniciación se hubiera formulado por dos o más interesados, el desistimiento o la renuncia afectará a todos ellos.

21. c) Diez días desde que fueron notificados del desistimiento o renuncia.

22. a) Tres meses.

23. a) Treinta días, a contar desde el siguiente al que se notifique al interesado el acuerdo de tramitación simplificada del procedimiento.

24. a) El apremio sobre el patrimonio.

25. a) La oportuna autorización judicial.

26. a) La ejecución subsidiaria.

27. d) Cinco días desde su presentación.

28. c) Siete días.

29. a) Quince días.

30. c) Transparencia y publicidad.

Los contratos del Sector público: clases y régimen jurídico. Sus elementos. Preparación, adjudicación, efectos, cumplimiento y extinción

1. La contratación administrativa en el sector público viene regulada por:

a) La Ley 9/2017, de 8 de noviembre.
b) La Ley 6/2017, de 24 de octubre.
c) La Ley 3/2017, de 27 de junio.
d) La Ley 4/2017, de 25 de septiembre.

2. Están incluidos en el ámbito de la Ley de Contratos del Sector Público:

a) La relación de servicio de los funcionarios públicos y los contratos regulados en la legislación laboral.
b) Las relaciones jurídicas consistentes en la prestación de un servicio público cuya utilización por los usuarios requiera el abono de una tarifa, tasa o precio público de aplicación general.
c) Los contratos relativos a servicios de arbitraje y conciliación.
d) Los contratos onerosos, cualquiera que sea su naturaleza jurídica, que celebren las Mutuas de Accidentes de Trabajo y Enfermedades Profesionales de la Seguridad Social.

3. Los contratos que tienen por objeto la adquisición, el arrendamiento financiero, o el arrendamiento, con o sin opción de compra, de productos o bienes muebles, son:

a) Contratos de servicios.
b) Contratos de suministro.
c) Contratos de obras.
d) Contratos de gestión de servicios públicos.

4. No se consideran contratos de suministros:

a) Aquellos en los que el empresario se obligue a entregar una pluralidad de bienes de forma sucesiva y por precio unitario sin que la cuantía total se defina con exactitud al tiempo de celebrar el contrato, por estar subordinadas las entregas a las necesidades del adquirente.
b) Los que tengan por objeto la adquisición y el arrendamiento de equipos y sistemas de telecomunicaciones o para el tratamiento de la información, sus dispositivos y programas, y la cesión del derecho de uso de estos últimos.

c) Los de adquisición de programas de ordenador desarrollados a medida.

d) Los de fabricación, por los que la cosa o cosas que hayan de ser entregadas por el empresario deban ser elaboradas con arreglo a características peculiares fijadas previamente por la entidad contratante, aun cuando esta se obligue a aportar, total o parcialmente, los materiales precisos.

5. Están sujetos a regulación armonizada los contratos de obras y los contratos de concesión de obras públicas cuyo valor estimado sea igual o superior a:

a) 5.538.000 euros.
b) 6.581.000 euros.
c) 8.615.000 euros.
d) 1.861.000 euros.

6. Están sujetos a regulación armonizada los contratos de suministro adjudicados por la Administración General del Estado, sus organismos autónomos, o las Entidades Gestoras y Servicios Comunes de la Seguridad Social, cuyo valor estimado sea igual o superior a:

a) 5.538.000 euros.
b) 143.000 euros.
c) 221.000 euros.
d) 80.000 euros.

7. De los siguientes, son contratos privados los contratos celebrados por una Administración Pública que tengan por objeto:

a) La suscripción a revistas, publicaciones periódicas y bases de datos.
b) La concesión de servicios públicos.
c) Los contratos de colaboración entre el sector público y el sector privado.
d) La adquisición de suministros.

8. Se consideran contratos menores los contratos de suministro o de servicios de valor estimado inferior a:

a) 15.000 euros.
b) 20.000 euros.
c) 30.000 euros.
d) 40.000 euros.

9. Los contratos menores no podrán tener una duración superior a:

a) Un año.
b) Tres años.
c) Cinco años.
d) Diez años.

10. Señalar la opción incorrecta. Solo podrán contratar con el sector público las personas naturales o jurídicas:

a) Que tengan plena capacidad de obrar.

b) Que no estén incursas en una prohibición de contratar.

c) Que tengan la nacionalidad española.

d) Que acrediten su solvencia económica, financiera y técnica o profesional o se encuentren debidamente clasificadas.

11. Será requisito indispensable que el empresario se encuentre debidamente clasificado como contratista de obras de los poderes adjudicadores, para los contratos de obras cuyo valor estimado sea igual o superior a:

a) 300.000 euros.

b) 500.000 euros.

c) 800.000 euros.

d) 1.000.000 euros.

12. Podrá exceptuarse la necesidad de clasificación para determinados tipos de contratos de obras y de servicios en los que este requisito sea exigible, mediante:

a) Resolución motivada del superior jerárquico del órgano contratante.

b) Orden del Ministro titular en materia de Hacienda.

c) Orden del Ministro titular del ministerio al que pertenece el órgano contratante.

d) Real Decreto del Consejo de Ministros.

13. No será exigible la clasificación en los contratos de servicios a partir de un valor estimado inferior a:

a) 100.000 euros.

b) 60.000 euros.

c) 200.000 euros.

d) Para los contratos de servicios no será exigible la clasificación del empresario.

14. La clasificación de las empresas tendrá una vigencia de:

a) Dos años.

b) Tres años.

c) Cinco años.

d) Indefinida, en tanto se mantengan por el empresario las condiciones y circunstancias en que se basó su concesión.

15. Previa justificación en el expediente, podrá llevarse a cabo la revisión periódica y predeterminada de precios en aquellos contratos en los que el período de recuperación de la inversión sea igual o superior a:

a) 3 años.
b) 4 años.
c) 5 años.
d) 1 año.

16. Conforme al artículo 99 de la Ley 9/2017, el objeto de los contratos del sector público deberá ser:

a) Determinado.
b) Fraccionado.
c) Motivado.
d) Concertado.

17. En relación al objeto del contrato, NO es cierto que:

a) En los contratos adjudicados por lotes, sólo se constituye un único contrato por todo el conjunto.
b) Cuando el órgano de contratación proceda a la división en lotes del objeto del contrato, podrá limitar el número de lotes para los que un mismo candidato o licitador puede presentar oferta.
c) Siempre que la naturaleza o el objeto del contrato lo permitan, deberá preverse la realización independiente de cada una de sus partes mediante su división en lotes.
d) El objeto del contrato se podrá definir en atención a las necesidades o funcionalidades concretas que se pretenden satisfacer, sin cerrar el objeto del contrato a una solución única.

18. Los contratos del sector público tendrán siempre un precio:

a) Justo.
b) Cierto.
c) Aproximado.
d) Mínimo.

19. No es causa de resolución del contrato:

a) El mutuo acuerdo entre la Administración y el contratista.
b) El impago, durante la ejecución del contrato, de los salarios por parte del contratista a los trabajadores que estuvieran participando en la misma.
c) La declaración de concurso o la declaración de insolvencia en cualquier otro procedimiento.
d) El cumplimiento del contrato.

20. En relación al expediente de contratación, NO es cierto que:

a) El expediente deba referirse a la totalidad del objeto del contrato.
b) En todo caso, se han de incorporar al expediente el pliego de cláusulas administrativas particulares y el de prescripciones generales.
c) Debe incorporarse al expediente el certificado de existencia de crédito.
d) El expediente se iniciará por el órgano de contratación, que ha de motivar la necesidad del contrato.

21. ¿En qué tipo de contratos se ha de justificar adecuadamente en el expediente el informe de insuficiencia de medios?

a) En los contratos de servicios.
b) En los contratos de suministros.
c) En los contratos de concesión de obras.
d) En los contratos de obras.

22. En el expediente de contratación se ha de justificar adecuadamente la necesidad de la Administración a la que se pretende dar satisfacción mediante la contratación de las prestaciones correspondientes, y su relación con el objeto del contrato. Según el artículo 116.4 de la Ley 9/2017, la relación de la necesidad con el objeto del contrato deberá ser (señalar la opción incorrecta):

a) Proporcional.
b) Clara.
c) Cuantificable.
d) Directa.

23. En relación a la resolución de aprobación del expediente de contratación, NO es cierto que:

a) Será una resolución motivada dictada por el órgano de contratación.
b) En ella se dispone la apertura del procedimiento de ejecución.
c) Generalmente, implicará la aprobación del gasto.
d) Debe ser objeto de publicación en el perfil de contratante.

24. Señalar la opción incorrecta. En los contratos menores la tramitación del expediente exigirá:

a) El informe del órgano de contratación motivando la necesidad del contrato.
b) La aprobación del gasto.
c) La incorporación al mismo de la factura correspondiente.
d) La justificación de las posibles prórrogas.

25. Las prescripciones técnicas de los contratos:

a) Proporcionarán a los empresarios acceso en condiciones de igualdad al procedimiento de contratación.

b) Tienen por efecto la creación de obstáculos, justificados o no, a la apertura de la contratación pública a la competencia.

c) Son especificaciones de cumplimiento voluntario aprobadas por organismos de normalización.

d) Son documentos elaborados por los organismos europeos de normalización, distintos de las normas europeas, con arreglo a procedimientos adaptados a la evolución de las necesidades del mercado.

26. Según el artículo 130 de la Ley 9/2017, cuando una norma legal, un convenio colectivo o un acuerdo de negociación colectiva de eficacia general, imponga al adjudicatario la obligación de subrogarse como empleador en determinadas relaciones laborales:

a) Los servicios dependientes del órgano de contratación deberán facilitar a los licitadores, en el propio pliego, la información sobre las condiciones de los contratos de los trabajadores a los que afecte la subrogación.

b) La empresa que viniese efectuando la prestación objeto del contrato a adjudicar y que tenga la condición de empleadora de los trabajadores afectados no estará obligada a proporcionar información al órgano de contratación sobre las condiciones de los contratos de los trabajadores.

c) La información del antiguo contratista no incluirá los listados del personal objeto de subrogación.

d) Cuando la empresa que viniese efectuando la prestación objeto del contrato a adjudicar fuese un Centro Especial de Empleo, la empresa que resulte adjudicataria tendrá la obligación de subrogarse como empleador de todas las personas con discapacidad que vinieran desarrollando su actividad en la ejecución del referido contrato si así lo establece una norma legal, un convenio colectivo o un acuerdo de negociación colectiva de eficacia general.

27. No se adjudicarán mediante subasta electrónica:

a) Los contratos tramitados por procedimientos abiertos.

b) Los contratos tramitados por procedimientos restringidos.

c) Aquellos contratos en que la adjudicación se base únicamente en los precios.

d) Los contratos cuyo objeto tenga relación con la calidad alimentaria.

28. Cuando solo se utilice un criterio de adjudicación, este ha de relacionarse, necesariamente con:

a) La calidad.

b) Las características vinculadas con la satisfacción de exigencias sociales que respondan a necesidades, definidas en las especificaciones del contrato, propias de las categorías de población especialmente desfavorecidas a las que pertenezcan los usuarios o beneficiarios de las prestaciones a contratar.

c) El plazo de ejecución o entrega de la prestación.
d) Los costes.

29. El órgano de contratación señalará el número mínimo de empresarios a los que invitará a participar en un procedimiento restringido, que no podrá ser inferior a:

a) Tres.
b) Cinco.
c) Siete.
d) Diez.

30. En relación a las consultas preliminares del mercado para la preparación del contrato, es cierto que:

a) De las consultas realizadas se ha de intentar obtener un objeto contractual tan concreto y delimitado que únicamente se ajuste a las características técnicas de uno de los consultados.
b) Las consultas realizadas podrán comportar ventajas respecto de la adjudicación del contrato para las empresas participantes en aquellas.
c) Durante el proceso de consultas, el órgano de contratación podrá revelar a los participantes en el mismo las soluciones propuestas por los otros participantes.
d) Con carácter general, el órgano de contratación al elaborar los pliegos deberá tener en cuenta los resultados de las consultas realizadas.

31. En relación a la ejecución de los contratos, es cierto que:

a) Cuando el contratista, por causas imputables al mismo, hubiere incumplido parcialmente la ejecución de las prestaciones definidas en el contrato, la Administración deberá resolver el contrato.
b) La constitución en mora del contratista precisará intimación previa por parte de la Administración.
c) Será obligación del contratista indemnizar todos los daños y perjuicios que se causen a terceros como consecuencia de las operaciones que requiera la ejecución del contrato.
d) Los contratistas que tengan derecho de cobro frente a la Administración, no podrán ceder el mismo.

32. En cualquier caso, una modificación del contrato se considerará sustancial cuando:

a) La modificación introduzca condiciones que, de haber figurado en el procedimiento de contratación inicial, habrían permitido la selección de candidatos distintos de los seleccionados inicialmente.
b) La modificación altere el equilibrio económico del contrato en beneficio del contratista de una manera que no estaba prevista en el contrato inicial.
c) La modificación amplíe el ámbito del contrato.
d) La modificación introduzca condiciones que, de haber figurado en el procedimiento de contratación inicial, habría atraído a menos participantes.

33. Se podrán celebrar contratos de suministros y servicios por el procedimiento abierto simplificado cuando su valor estimado sea igual o inferior a:

a) 50.000 €.
b) 140.000 €.
c) 150.000 €.
d) 200.000 €.

34. Según la Ley 9/2017, de 8 de noviembre, de Contratos del Sector Público, la falta de publicación del anuncio de licitación en el perfil de contratante alojado en la Plataforma de Contratación del Sector Público, será causa de:

a) Nulidad de pleno derecho.
b) Anulabilidad.
c) Subsanación a instancia de parte.
d) Corrección por la Junta de Contratación.

35. Para calcular el valor estimado de un contrato, ¿qué elemento de los siguientes deberá contemplarse, de acuerdo con lo dispuesto en el artículo 101 de la LCSP?

a) El impuesto de valor añadido.
b) Las eventuales prórrogas.
c) El presupuesto base.
d) Todos los impuestos aplicables al mismo.

Solución al test n.º 8

1. a) La Ley 9/2017, de 8 de noviembre.

2. d) Los contratos onerosos, cualquiera que sea su naturaleza jurídica, que celebren las Mutuas de Accidentes de Trabajo y Enfermedades Profesionales de la Seguridad Social.

3. b) Contratos de suministro.

4. c) Los de adquisición de programas de ordenador desarrollados a medida.

5. a) 5.538.000 euros.

6. b) 143.000 euros.

7. a) La suscripción a revistas, publicaciones periódicas y bases de datos.

8. a) 15.000 euros.

9. a) Un año.

10. c) Que tengan la nacionalidad española.

11. b) 500.000 euros.

12. d) Real Decreto del Consejo de Ministros.

13. d) Para los contratos de servicios no será exigible la clasificación del empresario.

14. d) Indefinida, en tanto se mantengan por el empresario las condiciones y circunstancias en que se basó su concesión.

15. c) 5 años.

16. a) Determinado.

17. a) En los contratos adjudicados por lotes, sólo se constituye un único contrato por todo el conjunto.

18. b) Cierto.

19. d) El cumplimiento del contrato.

20. b) En todo caso, se han de incorporar al expediente el pliego de cláusulas administrativas particulares y el de prescripciones generales.

21. a) En los contratos de servicios.

22. c) Cuantificable.

23. b) En ella se dispone la apertura del procedimiento de ejecución.

24. d) La justificación de las posibles prórrogas.

25. a) Proporcionarán a los empresarios acceso en condiciones de igualdad al procedimiento de contratación.

26. a) Los servicios dependientes del órgano de contratación deberán facilitar a los licitadores, en el propio pliego, la información sobre las condiciones de los contratos de los trabajadores a los que afecte la subrogación.

27. d) Los contratos cuyo objeto tenga relación con la calidad alimentaria.

28. d) Los costes.

29. b) Cinco.

30. d) Con carácter general, el órgano de contratación al elaborar los pliegos deberá tener en cuenta los resultados de las consultas realizadas.

31. c) Será obligación del contratista indemnizar todos los daños y perjuicios que se causen a terceros como consecuencia de las operaciones que requiera la ejecución del contrato.

32. a) La modificación introduzca condiciones que, de haber figurado en el procedimiento de contratación inicial, habrían permitido la selección de candidatos distintos de los seleccionados inicialmente.

33. b) 140.000 €.

34. a) Nulidad de pleno derecho.

35. b) Las eventuales prórrogas.

Las subvenciones públicas en la Administración de la Junta de Comunidades de Castilla-La Mancha. El procedimiento de concesión y de gestión y justificación de subvenciones. El reintegro de las subvenciones

1. La Ley General de Subvenciones es la:

a) Ley 887/2006.
b) Ley 38/2003.
c) Ley 1/2002.
d) Ley 1/2016.

2. Y el reglamento dictado en desarrollo en material de subvenciones en la Comunidad de Castilla-La Mancha es el:

a) Decreto 1/2012.
b) Decreto 5/2008.
c) Decreto 2/2016.
d) Decreto 21/2008.

3. Y la Orden que regula la acreditación del cumplimiento de obligaciones por reintegro de subvenciones tributarias y con la seguridad social en materia de subvenciones es la:

a) Orden 5 de febrero de 2008.
b) Orden 31 de enero de 2007.
c) Orden 7 de mayo de 2008.
d) Orden 23 de diciembre de 2008.

4. No tienen carácter de subvenciones:

a) Las prestaciones contributivas y no contributivas del Sistema de la Seguridad Social.
b) Las prestaciones a favor de los afectados por el síndrome tóxico y las ayudas sociales a las personas con hemofilia u otras coagulopatías congénitas que hayan desarrollado la hepatitis C reguladas en la Ley 14/2002, de 5 de junio.

c) Las prestaciones reconocidas por el Fondo de Garantía Salarial.
d) Todas las respuestas anteriores son correctas.

5. ¿Cuántos procedimientos de concesión de subvenciones hay?

a) Uno.
b) Dos.
c) Tres.
d) Cuatro.

6. Se podrá conceder la subvención de forma directa:

a) Aquellas cuyo otorgamiento o cuantía resulten impuestos a la Administración por norma de rango legal, que seguirán el procedimiento de concesión que les resulte de aplicación de acuerdo con su propia normativa.
b) Las que tengan asignación genérica en los Presupuestos Generales de Castilla-La Mancha.
c) Aquellas otras en que se acrediten razones de interés privado dificulten su convocatoria pública.
d) Todas las respuestas anteriores son correctas.

7. Respecto al procedimiento por concesión directa, no es cierto que:

a) Se puede iniciar de oficio.
b) Se puede iniciar a instancia del interesado.
c) Se puede imponer el procedimiento por Decreto del Consejo de Gobierno.
d) Se puede iniciar de oficio y a instancia del interesado.

8. El Gobierno regional, a través de la consejería competente para la gestión de la Base de Datos Regional de Subvenciones, remitirá a las Cortes de Castilla-La Mancha relación individualizada de los beneficiarios de subvenciones concedidas por el procedimiento de concesión directa con una periodicidad:

a) Mensual.
b) Bimensual.
c) Trimestral.
d) Semestral.

9. La justificación por el beneficiario del cumplimiento de las condiciones impuestas y de la consecución de los objetivos previstos en el acto de concesión de la subvención, podrá revestir forma de:

a) Acreditación por objetivos.
b) Presentación de módulos.
c) Cuenta justificativa con aportación de albaranes.
d) Cuenta justificativa simplificada.

10. Las subvenciones concedidas a otras entidades o empresas del sector público regional se justificarán mediante la siguiente información:

a) Una memoria de actuación justificativa del cumplimiento de las condiciones impuestas en la concesión de la subvención, con indicación de las actividades realizadas y de los resultados obtenidos.

b) Una relación clasificada de los ingresos de la actividad, con identificación del acreedor y del documento, su importe y fecha de emisión y, en su caso, fecha de pago.

c) En su caso, carta de pago de reintegro en el supuesto de remanentes aplicados, así como los intereses derivados de los mismos.

d) Ninguna de las respuestas anteriores es correcta.

11. Respecto al pago de la subvención, no es cierto que:

a) Se realizará previa justificación, por el beneficiario, y en la parte proporcional a la cuantía de la subvención justificada, del cumplimiento de la finalidad para la que se concedió.

b) Podrán realizarse pagos anticipados que supondrán entrega de fondos con carácter previo a la justificación, como financiación necesaria para poder llevar a cabo las actuaciones inherentes a la subvención.

c) En ningún caso pueden hacerse pagos a cuenta.

d) Con la finalidad de agilizar la tramitación de los pagos, éstos podrán tramitarse de forma masiva, mediante soportes informáticos, en los términos que establezca el titular de la consejería competente en materia de hacienda y de acuerdo con la normativa aplicable en materia de protección de datos.

12. Es causa de reintegro de subvenciones:

a) Obtener la subvención sin reunir las condiciones requeridas para ellos.

b) Incumplimiento de la finalidad para la que la subvención fue concedida.

c) La negativa de obstrucción a las actuaciones de comprobación y control financiero.

d) Todas las respuestas anteriores son correctas.

13. El reintegro comprende:

a) El interés legal del dinero.

b) El interés de demora.

c) El interés interbancario.

d) No se incluyen intereses de ningún tipo.

14. El órgano competente para exigir el reintegro de las subvenciones será:

a) El Consejo de Gobierno.

b) El titular de la Consejería de Hacienda.

c) El órgano concedente.

d) La Intervención General de la Junta de Comunidades de Castilla-La Mancha.

15. El procedimiento de reintegro se iniciará:

a) Siempre de oficio.
b) Sólo de oficio o por orden superior a iniciativa propia.
c) Siempre a iniciativa propia, por orden superior.
d) Por los informes de control financiero emitidos por la Intervención General de la Junta de Comunidades de Castilla-La Mancha o de los informes de la Sindicatura de Cuentas de Castilla-La Mancha o por solicitud de las Cortes de Castilla-La Mancha.

16. En principio, el plazo máximo para resolver y notificar la resolución del procedimiento de reintegro será de:

a) 3 meses desde la fecha del acuerdo de iniciación.
b) 6 meses desde la fecha del acuerdo de iniciación.
c) 12 meses desde la fecha del acuerdo de iniciación.
d) 18 meses desde la fecha del acuerdo de iniciación.

17. El órgano gestor deberá comunicar a la Intervención General de la Junta de Comunidades de Castilla-La Mancha la incoación del expediente de reintegro o la discrepancia con su incoación, que deberá ser motivada, en el plazo de:

a) Diez días a partir de la recepción del informe de control financiero.
b) Un mes a partir de la recepción del informe de control financiero.
c) Dos meses a partir de la recepción del informe de control financiero.
d) Tres meses a partir de la recepción del informe de control financiero.

18. El transcurso del plazo de un mes previsto anteriormente sin que se hubiera iniciado el procedimiento de reintegro, o, en su caso, se hubiera planteado la oportuna discrepancia, provocará:

a) Se archivará el procedimiento de reintegro.
b) Se mantendrán preventivamente las medidas cautelares adoptadas.
c) Se considerará interrumpida la prescripción por las actuaciones de control financiero de las que la propuesta de inicio del procedimiento trajera causa.
d) El órgano gestor no quedará liberado de su obligación de iniciar el procedimiento de reintegro.

19. Si el beneficiario presenta alegaciones, éstas serán contestadas en el plazo de:

a) Un mes desde la recepción completa de la documentación.
b) Dos meses desde la recepción completa de la documentación.
c) Diez días desde la recepción completa de la documentación.
d) Quince días desde la recepción completa de la documentación.

20. En caso de mostrar discrepancia por el órgano gestor, la resolución definitiva la adoptará:

a) La Intervención General de la Junta de Comunidades de Castilla-La Mancha.
b) El titular de la Consejería de Hacienda.
c) El Consejo de Gobierno.
d) El Tribunal de Cuentas.

Solución al test n.º 9

1. b) Ley 38/2003.

2. d) Decreto 21/2008.

3. b) Orden 31 de enero de 2007.

4. d) Todas las respuestas anteriores son correctas.

5. d) Cuatro.

6. a) Aquellas cuyo otorgamiento o cuantía resulten impuestos a la Administración por norma de rango legal, que seguirán el procedimiento de concesión que les resulte de aplicación de acuerdo con su propia normativa.

7. d) Se puede iniciar de oficio y a instancia del interesado.

8. c) Trimestral.

9. d) Cuenta justificativa simplificada.

10. a) Una memoria de actuación justificativa del cumplimiento de las condiciones impuestas en la concesión de la subvención, con indicación de las actividades realizadas y de los resultados obtenidos.

11. c) En ningún caso pueden hacerse pagos a cuenta.

12. d) Todas las respuestas anteriores son correctas.

13. b) El interés de demora.

14. c) El órgano concedente.

15. d) Por los informes de control financiero emitidos por la Intervención General de la Junta de Comunidades de Castilla-La Mancha o de los informes de la Sindicatura de Cuentas de Castilla-La Mancha o por solicitud de las Cortes de Castilla-La Mancha.

16. c) 12 meses desde la fecha del acuerdo de iniciación.

17. b) Un mes a partir de la recepción del informe de control financiero.

18. d) El órgano gestor no quedará liberado de su obligación de iniciar el procedimiento de reintegro.

19. a) Un mes desde la recepción completa de la documentación.

20. c) El Consejo de Gobierno.

TEST N.º 10

El personal al servicio de la Administración de la Junta de Comunidades de Castilla-La Mancha: clases y régimen jurídico. El Convenio Colectivo del personal laboral al servicio de la Administración de la Junta de Comunidades de Castilla-La Mancha

1. Conforme al artículo 3 de la Ley 4/2011, de 10 de marzo, del Empleo Público de Castilla-La Mancha, un principio informador del empleo público de Castilla-La Mancha, referido a la gestión de los recursos públicos, es la actuación de acuerdo a criterios de economía, eficacia, eficiencia, transparencia y:

a) Objetividad.
b) Igualdad.
c) Imparcialidad.
d) Austeridad.

2. En la clasificación de los empleados públicos que realiza el artículo 8 del EBEP no figura:

a) Funcionario interino.
b) Personal laboral.
c) Funcionario de carrera.
d) Personal temporal.

3. Los funcionarios de carrera son aquellos quienes, en virtud de nombramiento legal, están vinculados a una Administración Pública por una relación estatutaria regulada por:

a) El Derecho Laboral.
b) El Derecho Administrativo.
c) El Derecho Civil.
d) El Derecho Constitucional.

4. Según el EBEP, pueden nombrarse funcionarios interinos por exceso o acumulación de tareas por plazo:

a) Máximo de nueve meses, dentro de un periodo de dieciocho meses.
b) Mínimo de 6 meses y máximo de 12 meses.

c) Máximo de 12 meses.
d) Máximo de 12 meses dentro de un periodo de 3 años.

5. El personal laboral al servicio de la Administración de la Comunidad Autónoma de Castilla-La Mancha puede realizar las siguientes funciones o empleos:

a) Aquellas que impliquen una participación indirecta en el ejercicio de potestades públicas.
b) Empleos que se reserven de forma exclusiva a las personas que accedan por el sistema específico de acceso de personas con discapacidad.
c) Funciones de tesorería.
d) Funciones de asesoramiento legal preceptivo.

6. En relación con el personal eventual, es cierto que:

a) Será retribuido con cargo a los créditos presupuestarios consignados para el personal funcionario.
b) La condición de personal eventual constituirá mérito en la fase de concurso para el acceso a la Función Pública.
c) Su cese tendrá lugar, en todo caso, cuando se produzca el de la autoridad a la que se preste la función de confianza o asesoramiento.
d) La condición de personal eventual computará como mérito para la promoción interna.

7. Señala la respuesta incorrecta. La designación de personal directivo:

a) Atenderá a principios de mérito y capacidad.
b) Se llevará a cabo mediante procedimientos que garanticen la publicidad y concurrencia.
c) Supone la adquisición de la condición de personal eventual.
d) Atenderá a criterios de idoneidad.

8. Conforme al artículo 17 de la Ley 4/2011, constituyen el instrumento básico de planificación global del empleo público en los ámbitos correspondientes de las Administraciones públicas de Castilla-La Mancha:

a) Las ofertas de empleo.
b) Los planes generales de ordenación del empleo público.
c) Las relaciones de puestos de trabajo.
d) Los presupuestos generales de la Comunidad Autónoma.

9. Conforme al artículo 19.4 de la Ley 4/2011, la ejecución de la oferta de empleo público o instrumento similar deberá desarrollarse, en todo caso, dentro del plazo improrrogable a partir del día siguiente al de su publicación, de:

a) 1 año.
b) 2 años.
c) 3 años.
d) 4 años.

10. Según el artículo 21 de la Ley 4/2011, la unidad básica de la estructura del empleo público es:

a) La relación de puestos de trabajo.
b) La plaza.
c) El grupo profesional.
d) El puesto de trabajo.

11. La Oferta de empleo público o instrumento similar comportará la obligación de convocar los correspondientes procesos selectivos para las plazas comprometidas y hasta:

a) Un 10 % adicional.
b) Un 15 % adicional.
c) Un 20 % adicional.
d) Un 30 % adicional.

12. La renuncia voluntaria a la condición de funcionario:

a) Inhabilita para ingresar de nuevo en la Administración Pública.
b) No requiere aceptación expresa por la Administración.
c) Será aceptada expresamente cuando el funcionario esté sujeto a expediente disciplinario o haya sido dictado en su contra auto de procesamiento o de apertura de juicio oral por la comisión de algún delito.
d) Debe ser manifestada por escrito.

13. ¿Supone la superación de las pruebas selectivas, por sí misma, la adquisición de la condición de funcionario de carrera?

a) No.
b) Sí, si así lo prevé la propia convocatoria.
c) Sí, si la lista definitiva de aprobados ha sido publicada en el correspondiente Diario Oficial.
d) Sí, si se trata del sistema de oposición.

14. Conforme a la Disposición Adicional 18.ª de la LEPCM, en los procesos selectivos para el ingreso en categorías de personal estatutario del Servicio de Salud de Castilla-La Mancha la valoración del total de los méritos en la fase de concurso no puede exceder:

a) Del 30 % de la puntuación total del proceso selectivo.
b) Del 40 % de la puntuación total del proceso selectivo.
c) Del 50 % de la puntuación total del proceso selectivo.
d) Del 60 % de la puntuación total del proceso selectivo.

15. El funcionario que haya perdido su condición por cambio de nacionalidad, si recupera la nacionalidad:

a) Volverá automáticamente al puesto de trabajo que ocupaba.
b) No podrá volver a ejercer como funcionario.
c) Podrá solicitar la rehabilitación.
d) Podrá acceder a la función pública superando un nuevo proceso selectivo.

16. Conforme al artículo 49.4 de la LEPCLM, podrán formar parte de los órganos de selección:

a) El personal eventual.
b) Los funcionarios interinos.
c) El personal de designación política.
d) El personal laboral.

17. A tenor del artículo 14 del EBEP los empleados públicos tienen derecho:

a) A la inamovilidad en la condición de funcionario de carrera.
b) A la formación continua y a la actualización permanente de sus conocimientos y capacidades profesionales, preferentemente fuera del horario laboral.
c) A la libertad de expresión, sin restricción alguna.
d) A participar en la consecución de los objetivos atribuidos a la unidad donde preste sus servicios y a ser consultado por sus superiores por las tareas a desarrollar.

18. Según el *Acuerdo de la Mesa General de Negociación del Personal Empleado Público de 15 de julio de 2024, por el que se adecúa a la legislación vigente el II Plan para la conciliación de la vida personal, familiar y laboral de las empleadas públicas y de los empleados públicos de la Administración de la Junta de Comunidades de Castilla-La Mancha*, los empleados públicos tendrán un permiso por enfermedad grave de un familiar hasta el segundo grado de consanguinidad o afinidad, de:

a) Tres días naturales.
b) Tres días hábiles.
c) Cinco días naturales.
d) Cinco días laborables.

19. Por ser preciso atender el cuidado de un familiar de primer grado, por razones de enfermedad muy grave y por el plazo máximo de un mes, el funcionario tendrá derecho a solicitar, con carácter retribuido, una reducción de:

a) Hasta el 50 % de la jornada laboral.
b) 2 horas diarias.
c) 4 horas diarias.
d) Hasta 5 horas diarias.

20. El conjunto ordenado de oportunidades de ascenso y expectativas de progreso profesional conforme a los principios de igualdad, mérito y capacidad se denomina:

a) Evaluación del desempeño.
b) Promoción profesional.
c) Promoción interna.
d) Carrera profesional.

21. Tal y como señala el artículo 50 del EBEP, los funcionarios públicos tendrán derecho a disfrutar, durante cada año natural, de unas vacaciones retribuidas de:

a) 1 mes.
b) 30 días naturales.
c) 22 días hábiles.
d) 30 días hábiles.

22. Queda/n excluida/s de la obligatoriedad de la negociación colectiva:

a) Las normas que fijen los criterios y mecanismos generales en materia de evaluación del desempeño.
b) Los criterios generales para la determinación de prestaciones sociales y pensiones de clases pasivas.
c) Los criterios generales sobre ofertas de empleo público.
d) La determinación de condiciones de trabajo del personal directivo.

23. Cuando la funcionaria víctima de violencia de género reduzca su jornada en un tercio:

a) Verá disminuidas sus retribuciones básicas en un tercio.
b) Mantendrá sus retribuciones íntegras.
c) Verá disminuidas sus retribuciones básicas y complementarias en un tercio.
d) Mantendrá sus retribuciones básicas íntegras, pero no así las complementarias.

24. Conforme al artículo 75.2 de la Ley 4/2011, hasta que sean desempeñados con carácter definitivo, los puestos de trabajo desempeñados en adscripción provisional deben ser objeto de convocatoria pública, si la forma de provisión es el concurso, como máximo:

a) Cada año.
b) Cada 2 años.
c) Cada 3 años.
d) Cada 4 años.

25. En las Mesas de Negociación, las partes están obligadas a negociar bajo el principio:

a) Del interés general.
b) De representación equilibrada.
c) De reconocimiento mutuo.
d) De buena fe.

26. Los Empleados Públicos:

a) Podrán voluntariamente acatar la Constitución y el resto de normas que integran el ordenamiento jurídico.
b) Podrán abstenerse en aquellos asuntos en los que tengan un interés personal.
c) Su actuación perseguirá la satisfacción de los intereses del Gobierno.
d) Guardarán secreto de las materias clasificadas.

27. Las Administraciones públicas de Castilla-La Mancha pueden conceder comisiones de servicios con carácter voluntario para el desempeño de puestos de trabajo en otras Administraciones públicas durante un plazo máximo de:

a) Doce meses.
b) Dos años.
c) Tres años.
d) Cuatro años.

28. Las Juntas de Personal se constituirán en unidades electorales que cuenten con un censo mínimo de:

a) 15 funcionarios.
b) 25 funcionarios.
c) 30 funcionarios.
d) 50 funcionarios.

29. En relación con el sistema retributivo de los empleados públicos, es cierto, según el EBEP, que:

a) Podrán acordarse incrementos retributivos que globalmente supongan un incremento de la masa salarial superior a los límites fijados anualmente en la Ley de Presupuestos Generales del Estado para el personal.
b) Podrá percibirse participación en tributos o en cualquier otro ingreso de las Administraciones Públicas como contraprestación de cualquier servicio, participación o premio en multas impuestas, excepto cuando estuviesen normativamente atribuidas a los servicios.

c) Las cuantías de las retribuciones básicas y el incremento de las cuantías globales de las retribuciones complementarias de los funcionarios, así como el incremento de la masa salarial del personal laboral, deberán reflejarse para cada ejercicio presupuestario en la correspondiente ley de presupuestos.

d) Las Administraciones Públicas podrán destinar cantidades por encima del porcentaje de la masa salarial que se fije en las correspondientes Leyes de Presupuestos Generales del Estado a financiar aportaciones a planes de pensiones de empleo o contratos de seguro colectivos que incluyan la cobertura de la contingencia de jubilación, para el personal incluido en sus ámbitos, de acuerdo con lo establecido en la normativa reguladora de los Planes de Pensiones.

30. Las retribuciones de los funcionarios en prácticas:

a) Se corresponderán a las del sueldo del Subgrupo o Grupo, en el supuesto de que este no tenga Subgrupo, en que aspiren a ingresar.

b) No podrán superar las del sueldo del Subgrupo o Grupo, en el supuesto de que este no tenga Subgrupo, en que aspiren a ingresar.

c) Se determinarán de acuerdo con la legislación laboral, el convenio colectivo que sea aplicable y el contrato de trabajo.

d) Como mínimo, se corresponderán a las del sueldo del Subgrupo o Grupo, en el supuesto de que este no tenga Subgrupo, en que aspiren a ingresar.

31. El artículo 54.3 de la Ley 4/2011 reconoce que, cuando sea compatible con el desarrollo regular de los procesos selectivos:

a) En la oferta de adjudicación de destinos se concederá preferencia al personal que acceda por el sistema de promoción interna sobre los demás sistemas.

b) Tendrán prioridad en la oferta de adjudicación de destinos las personas de acceso libre sobre los demás sistemas.

c) Se concederá preferencia al personal que acceda por el sistema general de personas con discapacidad sobre los que accedan por el sistema general de personas con discapacidad intelectual.

d) No se podrá conceder preferencia al personal que acceda por ningún sistema sobre los demás sistemas.

32. Según la Ley 4/2011 de 10 de marzo del Empleo Público de Castilla-La Mancha, hasta que sean desempeñados con carácter definitivo, los puestos de trabajo desempeñados en comisión de servicios deben ser objeto de convocatoria pública como máximo:

a) Como máximo, cada año, si la forma de provisión es el concurso, o cada dos años, si la forma de provisión es la libre designación, a contar, en ambos casos, desde la fecha de la toma de posesión en comisión de servicios.

b) Cada dos años tanto si la forma de provisión es el concurso o libre designación, a contar, en ambos casos, desde la fecha de la toma de posesión en comisión de servicios.

c) Cada dos años, si la forma de provisión es el concurso, o cada año, si la forma de provisión es la libre designación, a contar, en ambos casos, desde la fecha de la toma de posesión en comisión de servicios.

d) Cada cuatro años tanto si la forma de provisión es el concurso o libre designación, a contar, en ambos casos, desde la fecha de la toma de posesión en comisión de servicios.

33. La funcionaria en excedencia por razón de violencia de género o de violencia sexual tendrá derecho a percibir las retribuciones íntegras:

a) Sí, durante todo el tiempo de la excedencia.
b) No, sólo tiene derecho a percibir las prestaciones familiares por hijo a cargo.
c) Durante los seis primeros meses de la excedencia.
d) Durante los dos primeros meses.

34. Según el artículo 142 de la LEPCLM, la cancelación en el Registro de Personal de las faltas leves se acordará, siempre que no se haya impuesto una nueva sanción en ese plazo, cuando hayan transcurrido:

a) Un año desde la imposición de la sanción.
b) Dos años desde el cumplimiento de la sanción.
c) Un año desde el cumplimiento de la sanción.
d) Dos años desde la imposición de la sanción.

35. Según el artículo 141 de la LEPCLM, las faltas graves prescriben:

a) Al año de su comisión.
b) A los dos años de su comisión.
c) A los tres años de su comisión.
d) A los cuatro años de su comisión.

36. Conforme al VIII Convenio Colectivo, el periodo de prueba de los contratos que se formalicen por la Administración Regional para el personal laboral de los grupos III y IV, será de:

a) 6 meses.
b) 3 meses.
c) 1 mes.
d) 15 días.

37. El proceso de cobertura de los puestos de trabajo de personal laboral por el sistema de libre designación deberá convocarse en el plazo máximo desde su ocupación con carácter provisional, de:

a) 6 meses.
b) 1 año.
c) 3 meses.
d) 18 meses.

38. Para concederse la permuta de los puestos de trabajo entre dos personas trabajadoras de la Administración de la Junta de Comunidades de Castilla-La Mancha con contrato laboral de carácter fijo, es necesario que a ninguno le falten para cumplir la edad de jubilación forzosa menos de:

a) 3 años.
b) 5 años.
c) 7 años.
d) 10 años.

39. Para participar en los procesos de promoción interna a otras categorías del mismo grupo profesional o del inmediato superior, el personal laboral fijo de la Administración de la Junta de Comunidades de Castilla-La Mancha en situación de activo o asimilado deberá tener en su categoría profesional una antigüedad mínima de:

a) 1 año.
b) 2 años.
c) 3 años.
d) 4 años.

40. En los procesos de promoción interna del personal laboral fijo, la valoración de la fase de concurso será del siguiente porcentaje de la puntuación máxima alcanzable en el proceso selectivo:

a) 10%.
b) 25%.
c) 40%.
d) 60%.

41. La movilidad funcional para la realización de funciones dentro del grupo profesional se efectuará por el tiempo imprescindible para atender las necesidades que la justifiquen, no pudiendo exceder en dos años de:

a) 3 meses.
b) 6 meses.
c) 8 meses.
d) 1 año.

42. El personal laboral podrá ser trasladado con carácter definitivo a otro centro de trabajo de diferente localidad, siempre que concurran razones económicas, técnicas, organizativas o de mejor prestación de los servicios públicos que lo justifiquen, y que esté situado, como máximo, a una distancia de su centro de trabajo de:

a) 20 kilómetros.
b) 30 kilómetros.

c) 50 kilómetros.
d) 80 kilómetros.

43. Las trabajadoras víctimas de violencia de género que se vean obligadas a abandonar el puesto de trabajo, para hacer efectiva su protección o el derecho a la asistencia social integral, tendrán derecho al traslado a otro puesto de trabajo. Dicho traslado tendrá carácter de:

a) Traslado forzoso.
b) Traslado voluntario.
c) Traslado definitivo.
d) Traslado parcial.

44. ¿En cuál de los siguientes supuestos, la suspensión del contrato de trabajo con reserva de su puesto de trabajo concreto dará lugar al cómputo de la antigüedad?

a) Por el ejercicio del derecho de huelga.
b) Mutuo acuerdo de las partes.
c) Privación de libertad por sentencia condenatoria firme, cuando no sea por delito doloso.
d) Suspensión de empleo y sueldo por razones disciplinarias.

45. El trabajador o trabajadora con contrato laboral de carácter fijo, con al menos un año de antigüedad en la Administración de la Junta de Comunidades de Castilla-La Mancha, podrá solicitar excedencia voluntaria por interés particular por un plazo no menor a:

a) 4 meses.
b) 6 meses.
c) 9 meses.
d) 12 meses.

46. A partir del decimotercer mes, la trabajadora en excedencia por razón de violencia de género tendrá derecho:

a) Al 100 por 100 de sus retribuciones.
b) Al 75 por 100 de sus retribuciones.
c) Al 50 por 100 de sus retribuciones.
d) A las prestaciones familiares por hijo a cargo.

47. Al personal laboral con 21 años de servicio, le corresponden unas vacaciones de:

a) 22 días laborables.
b) 23 días laborables.

c) 24 días laborables.
d) 25 días laborables.

48. De las siguientes retribuciones, es un complemento personal:

a) El complemento de turnicidad.
b) El complemento de puesto de trabajo.
c) Las dietas.
d) El complemento de antigüedad.

49. ¿De cuántos Vocales se compone la Comisión Paritaria del VIII Convenio Colectivo para el Personal Laboral al Servicio de la Administración de la Junta de Comunidades de Castilla-La Mancha?

a) 15.
b) 12.
c) 18.
d) 26.

50. Según el VIII Convenio Colectivo, las modificaciones de la Relación de Puestos de Trabajo se realizarán previa negociación sindical. No obstante, no serán objeto de negociación, pero sí de información previa, las modificaciones derivadas de:

a) Declaración de un puesto de trabajo como "a amortizar".
b) Modificación de los requisitos y méritos de los puestos de trabajo.
c) Creación de puestos de trabajo.
d) Supresión de puestos de trabajo declarados "a amortizar", una vez que queden sin titular definitivo.

51. En relación con la planificación de recursos humanos en la plantilla de personal laboral de la Administración de la Junta de Comunidades de Castilla-La Mancha, es cierto que:

a) Los planes de recursos humanos podrán ser promovidos por las organizaciones sindicales presentes en la Comisión Negociadora, que presentará una memoria justificativa de la necesidad de su realización, en la que se incluirán las medidas que se pretenden adoptar.
b) La reasignación de efectivos como consecuencia de un plan de recursos humanos se efectuará aplicando la formación como criterio y vinculando los criterios de antigüedad, aptitud y experiencia a los puestos de destino.
c) La adscripción al puesto de trabajo adjudicado por reasignación tendrá carácter definitivo.
d) La aplicación de los planes de recursos humanos podrá suponer la extinción de la relación jurídico-laboral con la Administración de la Junta de Comunidades de Castilla-La Mancha del personal laboral fijo.

52. Siempre que la organización del trabajo lo permita, el personal laboral de la Administración de la Junta de Comunidades de Castilla-La Mancha tendrá un descanso semanal ininterrumpido de:

a) 12 horas.
b) 24 horas.
c) 48 horas.
d) 72 horas.

53. Según el VIII Convenio Colectivo, el número máximo de horas extraordinarias al año, por imprevistos de la naturaleza de la actividad que en cada caso se desarrolle, es de:

a) 75 horas al año.
b) 85 horas al año.
c) 100 horas al año.
d) 110 horas al año.

54. El personal laboral que, por cuidado de un familiar de hasta segundo grado, de consanguinidad o afinidad, por razones de enfermedad muy grave, la empleada o el empleado podrá solicitar un permiso sin sueldo con una duración de:

a) 3 meses.
b) Entre 10 días y 3 meses, prorrogable, excepcionalmente, durante 3 meses más.
c) 1 mes.
d) Entre 10 días y 1 mes, prorrogable, excepcionalmente, durante 1 mes más.

55. El personal laboral que, por razones de guarda legal tenga a su cuidado directo algún menor de doce años, persona mayor que requiera especial dedicación o persona con discapacidad física, psíquica o sensorial, que no desempeñe una actividad retribuida, tendrá derecho a una disminución de hasta:

a) El 50% de la jornada de trabajo, sin reducción de las retribuciones.
b) El 50% de la jornada de trabajo, con la reducción proporcional de las retribuciones.
c) El 75% de la jornada de trabajo, sin reducción de las retribuciones.
d) El 75% de la jornada de trabajo, con la reducción proporcional de las retribuciones.

56. Según el VIII Convenio colectivo, para poder solicitar licencias por asuntos propios, el personal laboral deberá haber desempeñado el puesto de trabajo por un período superior a:

a) 6 meses.
b) 1 año.
c) 18 meses.
d) 2 años.

57. Cuál de las siguientes faltas está considerada en el VIII Convenio Colectivo como muy grave:

a) La falta de asistencia al trabajo sin causa justificada durante tres días al mes.

b) No guardar el debido sigilo profesional respecto a los asuntos que se conozcan por razón de su trabajo cuando se causen perjuicios a la Administración o se utilice en provecho propio.

c) La disminución continuada y voluntaria en el rendimiento del trabajo normal o pactado.

d) La violación al derecho a la intimidad de los trabajadores.

58. Cuál de las siguientes sanciones puede imponerse por la comisión de una falta grave:

a) Despido.

b) Traslado forzoso sin cambio de localidad de destino.

c) Suspensión del derecho a estar como disponible en todas las bolsas de trabajo de personal laboral temporal de las que se forme parte por un periodo de dos a tres años.

d) Apercibimiento por escrito.

59. Según el VIII Convenio Colectivo, las faltas graves prescriben:

a) A los 6 meses.

b) Al año.

c) A los dos años.

d) A los tres años.

Solución al test n.º 10

1. d) Austeridad.

2. d) Personal temporal.

3. b) El Derecho Administrativo.

4. a) Máximo de nueve meses, dentro de un periodo de dieciocho meses.

5. b) Empleos que se reserven de forma exclusiva a las personas que accedan por el sistema específico de acceso de personas con discapacidad.

6. c) Su cese tendrá lugar, en todo caso, cuando se produzca el de la autoridad a la que se preste la función de confianza o asesoramiento.

7. c) Supone la adquisición de la condición de personal eventual.

8. b) Los planes generales de ordenación del empleo público.

9. c) 3 años.

10. d) El puesto de trabajo.

11. a) Un 10 % adicional.

12. d) Debe ser manifestada por escrito.

13. a) No.

14. c) Del 50 % de la puntuación total del proceso selectivo.

15. c) Podrá solicitar la rehabilitación.

16. d) El personal laboral.

17. a) A la inamovilidad en la condición de funcionario de carrera.

18. d) Cinco días laborables.

19. a) Hasta el 50 % de la jornada laboral.

20. d) Carrera profesional.

21. c) 22 días hábiles.

22. d) La determinación de condiciones de trabajo del personal directivo.

23. b) Mantendrá sus retribuciones íntegras.

24. b) Cada 2 años.

25. d) De buena fe.

26. d) Guardarán secreto de las materias clasificadas.

27. b) Dos años.

28. d) 50 funcionarios.

29. c) Las cuantías de las retribuciones básicas y el incremento de las cuantías globales de las retribuciones complementarias de los funcionarios, así como el incremento de la masa salarial del personal laboral, deberán reflejarse para cada ejercicio presupuestario en la correspondiente ley de presupuestos.

30. d) Como mínimo, se corresponderán a las del sueldo del Subgrupo o Grupo, en el supuesto de que este no tenga Subgrupo, en que aspiren a ingresar.

31. a) En la oferta de adjudicación de destinos se concederá preferencia al personal que acceda por el sistema de promoción interna sobre los demás sistemas.

32. c) Cada dos años, si la forma de provisión es el concurso, o cada año, si la forma de provisión es la libre designación, a contar, en ambos casos, desde la fecha de la toma de posesión en comisión de servicios.

33. d) Durante los dos primeros meses.

34. c) Un año desde el cumplimiento de la sanción.

35. b) A los dos años de su comisión.

36. c) 1 mes.

37. b) 1 año.

38. b) 5 años.

39. a) 1 año.

40. b) 25%.

41. c) 8 meses.

42. c) 50 kilómetros.

43. a) Traslado forzoso.

44. a) Por el ejercicio del derecho de huelga.

45. a) 4 meses.

46. b) Al 75 por 100 de sus retribuciones.

47. c) 24 días laborables.

48. d) El complemento de antigüedad.

49. d) 26.

50. d) Supresión de puestos de trabajo declarados "a amortizar", una vez que queden sin titular definitivo.

51. c) La adscripción al puesto de trabajo adjudicado por reasignación tendrá carácter definitivo.

52. c) 48 horas.

53. a) 75 horas al año.

54. b) Entre 10 días y 3 meses, prorrogable, excepcionalmente, durante 3 meses más.

55. d) El 75% de la jornada de trabajo, con la reducción proporcional de las retribuciones.

56. a) 6 meses.

57. c) La disminución continuada y voluntaria en el rendimiento del trabajo normal o pactado.

58. b) Traslado forzoso sin cambio de localidad de destino.

59. c) A los dos años.

El presupuesto de la Junta de Comunidades de Castilla-La Mancha: elaboración, aprobación y ejecución. El control de la actividad financiera en la Administración Regional

1. En materia presupuestaria, la ejecución de los Presupuestos corresponde al Poder:

a) Ejecutivo.
b) Legislativo.
c) Judicial.
d) Administrativo.

2. Una de las siguientes no es característica de los Presupuestos Generales:

a) Son expresión cifrada.
b) Son expresión conjunta.
c) Tiene carácter anual.
d) Tienen carácter administrativo.

3. ¿Qué ocurre si la Ley de Presupuestos de nuestra Comunidad Autónoma no se aprobara antes del primer día del ejercicio económico correspondiente?

a) Se prorroga la del año anterior por otro año más.
b) Se consideran automáticamente prorrogados los Presupuestos del ejercicio anterior hasta la aprobación y publicación de los nuevos.
c) Se considerarán automáticamente prorrogados los Presupuestos del ejercicio anterior por seis meses más.
d) El Poder Ejecutivo deberá confeccionar otros Presupuestos.

4. El Capítulo V de la clasificación económica del Presupuesto de Gastos se denomina:

a) Transferencias de corrientes.
b) Inversiones reales.

c) Ninguna es correcta.
d) Gastos de personal.

5. En la clasificación económica del estado de ingresos de los Presupuestos Generales de la Comunidad Autónoma de Castilla-La Mancha, ¿qué capítulo contempla "las Transferencias de Capital"?

a) El Capítulo 1.
b) El Capítulo 2.
c) El Capítulo 4.
d) El Capítulo 7.

6. Siguiendo con la pregunta anterior, ¿cómo se denomina el Capítulo 3?

a) Transferencias corrientes.
b) Impuestos directos.
c) Tasas, precios públicos y otros ingresos.
d) Ingresos Patrimoniales.

7. ¿Cómo se llama la Ley que regula anualmente los Presupuestos Generales de la Comunidad Autónoma de Castilla-La Mancha?

a) Ley de Hacienda.
b) Ley General Presupuestaria.
c) Ley de Presupuestos Generales.
d) Ley General Tributaria y Presupuestaria.

8. ¿A quién corresponde el examen, enmienda y aprobación de los Presupuestos Generales de la Comunidad Autónoma de Castilla-La Mancha?

a) Al Gobierno de la Región.
b) Al Tribunal de Cuentas.
c) A las Cortes de Castilla-La Mancha.
d) Al Ministerio de Hacienda.

9. ¿Existe la obligación de publicar los Presupuestos Generales de la Comunidad Autónoma de Castilla-La Mancha?

a) No.
b) Sí, cuando lo ordenen las Cortes.
c) Sí, en el DOCM y en los periódicos de mayor tirada de cada provincia.
d) Sí, en el DOCM, dado que han de ser aprobados por la ley y las leyes autónomas se publican en el indicado Boletín.

10. El estado de ingresos del Presupuesto de la Comunidad de Castilla-La Mancha será elaborado por:

a) La Consejería de Hacienda, Administraciones Públicas y Transformación Digital.
b) Cada Consejería, respecto a su departamento.
c) La Presidencia del Gobierno.
d) Las Cortes.

11. ¿Qué artículo del Texto Refundido de la Ley de Hacienda de nuestra Comunidad Autónoma atribuye a la Consejería de Economía y Hacienda ejercer la superior autoridad sobre la ordenación de pagos y su efectiva realización?

a) 28.
b) 9.
c) 30.
d) 45.

12. El anteproyecto de la Ley de Presupuestos de la Comunidad de Castilla-La Mancha deberá acompañar la documentación que se cita:

a) Un informe económico y financiero.
b) El inventario general de la Comunidad cerrado a 31 de diciembre del ejercicio anterior.
c) Anexo de proyectos de inversión pública.
d) La plantilla presupuestaria del personal, así como todas las opciones anteriores.

13. En el caso de que se prorrogasen los Presupuestos, ¿quién determinará las condiciones específicas a que traten de ajustarse los mismos?

a) La Consejería de Hacienda, Administraciones Públicas y Transformación Digital.
b) El Consejo de Gobierno, a propuesta de la Consejería de Hacienda, Administraciones Públicas y Transformación Digital.
c) El Consejero de Presidencia.
d) Las Cortes.

14. ¿Dónde se presupuestan los ingresos que piensan obtenerse por la venta de bienes de capital propiedad de la Comunidad de Castilla-La Mancha?

a) En el Capítulo VII.
b) En el Capítulo VI.
c) En el Capítulo I.
d) En el Capítulo II.

15. Las fases del procedimiento de ejecución del gasto son las siguientes:

a) Autorización del gasto y ordenación del pago.
b) De gestión, intervención.

c) De gestión, intervención y contable.
d) Ordenación del pago y del gasto.

16. El compromiso del gasto se contabiliza en un documento denominado:

a) A.
b) D.
c) O.
d) K)

17. Si desde el inicio del expediente conocemos el importe exacto del compromiso del gasto, se expide el siguiente documento:

a) AD.
b) A.
c) ADOK.
d) OP.

18. ¿Qué tipo de documento se expide para contabilizar las autorizaciones de gastos?

a) O.
b) A.
c) D.
d) K)

19. El acto en virtud del cual la autoridad competente acuerda la realización de una obra, se denomina dentro de la fase de ejecución del gasto:

a) Disposición o compromiso.
b) Obligación del pago.
c) Propuesta de pago.
d) Pago.

20. Los créditos para gastos que en el último día del ejercicio presupuestario no estén afectados al cumplimiento de las obligaciones ya reconocidas:

a) Se prorrogarán automáticamente.
b) Quedarán anulados de pleno derecho.
c) Se adjudicarán automáticamente a otras obligaciones también reconocidas y ejecutadas.
d) Se destinarán a la finalidad específica para la que han sido autorizados, en un plazo máximo de tres meses.

Solución al test n.º 11

1. a) Ejecutivo.

2. d) Tienen carácter administrativo.

3. b) Se consideran automáticamente prorrogados los Presupuestos del ejercicio anterior hasta la aprobación y publicación de los nuevos.

4. c) Ninguna es correcta.

5. d) El Capítulo 7.

6. c) Tasas, precios públicos y otros ingresos.

7. c) Ley de Presupuestos Generales.

8. c) A las Cortes de Castilla-La Mancha.

9. d) Sí, en el DOCM, dado que han de ser aprobados por la ley y las leyes autónomas se publican en el indicado Boletín.

10. a) La Consejería de Hacienda, Administraciones Públicas y Transformación Digital.

11. b) 9.

12. d) La plantilla presupuestaria del personal, así como todas las opciones anteriores.

13. b) El Consejo de Gobierno, a propuesta de la Consejería de Hacienda, Administraciones Públicas y Transformación Digital.

14. b) En el Capítulo VI.

15. d) Ordenación del pago y del gasto.

16. b) D.

17. a) AD.

18. b) A.

19. a) Disposición o compromiso.

20. b) Quedarán anulados de pleno derecho.

**La Administración burocrática y la nueva gestión pública.
Las técnicas de dirección y gerencia pública. Ley de Participación
de Castilla La Mancha: disposiciones generales y procedimientos de
participación ciudadana. La ética en la gestión pública**

1. Respecto a las teorías del management, ¿cuándo se empezó a hacer hincapié por todos en la gestión con calidad, la atención al cliente, y al personal?

a) En la década de los cincuenta.
b) En los años sesenta.
c) En la década de los setenta.
d) En los años ochenta.

2. ¿Cómo se denomina la técnica de dirección general que consistente en la elaboración de los proyectos según los objetivos fijados que se lleva a cabo por la propia Administración, pudiendo definirse el proyecto como "conjunto ordenado de actos que buscan resultados concretos"?

a) La Dirección de Objetivos.
b) La Dirección de Proyectos.
c) La gestión de los procesos de Cambio Organizativos.
d) La Planificación estratégica.

3. Señale cuál de los siguientes no es uno de los principios éticos de los Empleados Públicos:

a) Garantizarán la constancia y permanencia de los documentos para su transmisión y entrega a sus posteriores responsables.
b) Guardarán secreto de las materias clasificadas u otras cuya difusión esté prohibida legalmente.
c) No contraerán obligaciones económicas ni intervendrán en operaciones financieras, obligaciones patrimoniales o negocios jurídicos con personas o entidades cuando pueda suponer un conflicto de intereses con las obligaciones de su puesto público.
d) Se abstendrán en aquellos asuntos en los que tengan un interés personal, así como de toda actividad privada o interés que pueda suponer un riesgo de plantear conflictos de intereses con su puesto público.

4. Los procedimientos de participación que recaigan sobre materias que sean competencia de la Administración de la Junta de Comunidades de Castilla-La Mancha, cuando no tengan carácter obligatorio por su inclusión en el Programa Anual de Participación Ciudadana previsto en el Capítulo III del Título I de la Ley 8/2019, de 13 de diciembre, de Participación de Castilla-La Mancha, podrán iniciarse como consecuencia de una iniciativa ciudadana que cuente, al menos, con:

a) 50.000 firmas debidamente acreditadas de sujetos titulares del derecho a la participación.

b) 10.000 firmas debidamente acreditadas de sujetos titulares del derecho a la participación.

c) 3.000 firmas debidamente acreditadas de sujetos titulares del derecho a la participación.

d) 1.500 firmas debidamente acreditadas de sujetos titulares del derecho a la participación.

5. Una Administración receptiva es aquella que:

a) Responde a las necesidades, exigencias y expectativas de los ciudadanos, considerados como clientes, respecto a la prestación de determinados servicios.

b) Fomenta la participación activa del ciudadano como persona individual y como miembro de asociaciones, grupos de intereses, etc.

c) Hace comprensible la organización administrativa al ciudadano, a través de unos adecuados canales de información y de una simplificación de la estructura y del procedimiento administrativo.

d) Todas las respuestas son correctas.

6. ¿Qué artículo de la Carta Magna dispone que la ley establecerá las formas de participación de los interesados en la Seguridad Social y en la actividad de los organismos públicos cuya función afecte directamente a la calidad de la vida o al bienestar general?

a) El artículo 140.

b) El art. 105.1.

c) El art. 105.2.

d) El artículo 129.1.

7. ¿Quién formuló los antecedentes de la "Dirección por Objetivos"?

a) Peter Senge.

b) Peter Drucker.

c) George Odiorne.

d) Jack Welch.

8.¿ Cómo se denomina la técnica que hace posible una medición precisa de la contribución ofrecida por los distintos elementos de la organización para la consecución de los objetivos de ésta, y por tanto la cuantificación de lo que cada unidad e individuo ofrece para el logro de los objetivos de la institución?

a) TCO.
b) DPO.
c) APO.
d) Las respuestas b y c son correctas.

9. ¿Cuál es la última etapa de tratamiento de la información que culmina en la toma de decisiones y acciones?

a) La reflexión.
b) La interpretación.
c) La experiencia.
d) El contexto.

10. Señale cuál de los siguientes no es uno de los siete principios de la Vida Pública, según el Informe Nolan:

a) Integridad. Los que ocupan cargos públicos no deberán tener ninguna relación financiera u otra, con terceros u organizaciones que puedan influirles en el desempeño de sus responsabilidades oficiales.
b) Desinterés. Los que ocupan cargos públicos deberían tomar decisiones con arreglo al interés público.
c) Publicidad. Los que ocupan cargos públicos deben de publicar sus ingresos antes, durante y después de su mandato.
d) Responsabilidad. Los que ocupan cargos públicos son responsables de sus decisiones y acciones ante el público, y deben someterse al control que sea apropiado para su cargo.

11. Señala cuál de los siguientes no es un principio de conducta de los empleados públicos:

a) Administrarán los recursos y bienes públicos con austeridad, y no utilizarán los mismos en provecho propio o de personas allegadas.
b) No influirán en la agilización o resolución de trámite o procedimiento administrativo sin justa causa y, en ningún caso, cuando ello comporte un privilegio en beneficio de los titulares de los cargos públicos o su entorno familiar y social inmediato o cuando suponga un menoscabo de los intereses de terceros.
c) Observarán las normas sobre seguridad y salud laboral.
d) Mantendrán actualizada su formación y cualificación.

12. ¿Qué principio previsto en la Ley 8/2019, de 13 de diciembre, de Participación de Castilla-La Mancha, promulga la igualdad real de derechos de la mujer y el hombre, el lenguaje inclusivo, la perspectiva de género y la representación paritaria, en lo posible, en los órganos de participación ciudadana?

a) El principio de igualdad.
b) El principio de transversalidad.
c) El principio de solidaridad.
d) El principio de no discriminación por cuestiones de género.

13. ¿Qué artículo de la Constitución Española de 1978 reconoce el régimen de concejo abierto como sistema de gobierno y Administración de algunos municipios?

a) El artículo 140.
b) El artículo 137.1.
c) El artículo 136.1.
d) El artículo 133.

14. ¿Cuándo llegó a España la DPO de la mano de las multinacionales?

a) A principios de la década de los setenta.
b) A finales de la década de los setenta.
c) En los años 80.
d) En los años 90.

15. Señale una de las características de los objetivos de la DPO:

a) Han de ser medibles en lo posible, o que al menos puedan verificarse.
b) Han de encuadrarse en los límites de responsabilidad de la unidad o centro.
c) Han de estar bien definidos y ser específicos y factibles.
d) Todas las respuestas son correctas.

16. La ética pública que hoy aparece reforzada como una lucha contra la corrupción tiene en Estados Unidos un lugar prioritario desde qué hecho:

a) Desde la primera elección del Presidente Obama en 2009.
b) Desde los atentados de Nueva York en 2001.
c) Desde el Watergate en 1978.
d) Desde la caída del Muro de Berlín en 1989.

17. Señala cuál de los siguientes no es una de las causas actuales que favorecen la corrupción pública:

a) El individualismo y el egoísmo.
b) La mayor externalización de servicios en el sector público.

c) El capitalismo.
d) El poder de los expertos.

18. Señala cuál de los siguientes es un principio ético de los Empleados Públicos:

a) Actuarán de acuerdo con los principios de eficacia, economía y eficiencia, y vigilarán la consecución del interés general y el cumplimiento de los objetivos de la organización.
b) Tratarán con atención y respeto a los ciudadanos, a sus superiores y a los restantes empleados públicos.
c) Informarán a los ciudadanos sobre aquellas materias o asuntos que tengan derecho a conocer, y facilitarán el ejercicio de sus derechos y el cumplimiento de sus obligaciones.
d) El desempeño de las tareas correspondientes a su puesto de trabajo se realizará de forma diligente y cumpliendo la jornada y el horario establecidos.

19. Señala cuál de los siguientes es un principio de conducta de los empleados públicos:

a) No aceptarán ningún trato de favor o situación que implique privilegio o ventaja injustificada, por parte de personas físicas o entidades privadas.
b) Cumplirán con diligencia las tareas que les correspondan o se les encomienden y, en su caso, resolverán dentro de plazo los procedimientos o expedientes de su competencia.
c) Ejercerán sus atribuciones según el principio de dedicación al servicio público absteniéndose no solo de conductas contrarias al mismo, sino también de cualesquiera otras que comprometan la neutralidad en el ejercicio de los servicios públicos.
d) Obedecerán las instrucciones y órdenes profesionales de los superiores, salvo que constituyan una infracción manifiesta del ordenamiento jurídico, en cuyo caso las pondrán inmediatamente en conocimiento de los órganos de inspección procedentes.

20. ¿Cómo se denomina el proceso mediante el cual los directivos se aseguran que los recursos de una organización se obtienen y se emplean de manera eficaz y eficiente en la consecución de los objetivos perseguidos?

a) Gestión financiera.
b) Gestión de Sistemas de Información.
c) Dirección de Recursos Humanos.
d) Control de Gestión.

21. Señale una de las cuatro premisas mayores establecidas por Wilson en su obra "El estudio de la Administración Pública":

a) La Administración puede y debe constituir el objeto de una Ciencia diferente de la política.
b) La gobernación consiste en dos procesos separados: la política y la Administración.
c) El estudio científico de la Administración Pública conduce al descubrimiento de principios nomotéticos análogos al de las leyes en las ciencias físicas.
d) Todas las respuestas son correctas.

22. ¿A qué principios éticos han de ajustar los empleados públicos su actuación con la Administración en la que presten sus servicios?

a) Lealtad y publicidad.
b) Publicidad y transparencia en la gestión.
c) Lealtad y buena fe.
d) Confianza legítima y transparencia.

23. ¿Qué tipo de principio establece que los empleados públicos garantizarán la atención al ciudadano en la lengua que lo solicite siempre que sea oficial en el territorio?

a) Un principio substantivo.
b) Un principio ético.
c) Un principio de conducta.
d) Un principio moral.

24. ¿A quién corresponde el libro llamado La práctica del management, donde empieza a propugnar la utilización del marketing y la innovación como técnicas de los directivos?

a) Caillosse.
b) Douglas McGregor.
c) Crozier.
d) Peter Drucker.

25. ¿Qué técnica se centra en proponer y evaluar las alternativas organizativas más adecuadas, en términos de eficacia, en función de las tareas a realizar por una organización y del entorno de trabajo en que esta opera?

a) La Dirección de Recursos Humanos.
b) El Diseño Organizativo.
c) La gestión de servicios.
d) El Marketing.

26.¿Qué técnica supone un enfoque integrador de las especificidades de este tipo de organización en los ámbitos de Marketing, Recursos Humanos y Dirección de Operaciones?

a) La Gestión de Sistemas de Información.
b) La Gestión financiera.
c) La gestión de servicios.
d) El Control de Gestión.

27. ¿Cuál de las siguientes técnicas está referida al ciclo de gestión de los Recursos Humanos (reclutamiento y selección, evaluación del desempeño, recompensa, formación y desarrollo de carrera) y a las Relaciones Laborales?

a) La Dirección de Recursos Humanos.
b) El Diseño Organizativo.
c) El Marketing.
d) La Dirección de Operaciones.

28. ¿Qué artículo de la Carta Magna reconoce expresamente el derecho de acceso de los ciudadanos a los archivos y registros administrativos?

a) El art. 105.1.
b) El art. 105.2.
c) El art. 132.1.
d) El art. 133.

29. Señale uno de los grupos de herramientas o técnicas de gestión empresarial que constituyen las Teorías del Management:

a) Las técnicas específicas de una función o área especializada de la empresa.
b) Las técnicas de desarrollo de habilidades directivas.
c) La técnica de dirección general de la organización.
d) Todas las respuestas son correctas.

30. ¿Cuál de las siguientes no es una de las técnicas específicas relativas de una determinada función o actividad empresarial?

a) La gestión de los procesos de Cambio Organizativos.
b) La Gestión de Sistemas de Información.
c) La Dirección de Operaciones.
d) El Marketing.

31. Señala cuál de las siguientes es la Ley de Participación de Castilla-La Mancha:

a) La Ley 82/2019, de 14 de febrero
b) La Ley 8/2018, de 14 de febrero.
c) La Ley 8/2019, de 13 de diciembre.
d) La Ley 34/2020, de 13 de abril.

32. Señala uno de los fines de la Ley 8/2019, de 13 de diciembre, de Participación de Castilla-La Mancha:

a) Desarrollar instrumentos y procedimientos de participación atendiendo a la naturaleza de las políticas públicas.
b) Fomentar una cultura de participación responsable, inclusiva y solidaria con especial atención a la población infantil y juvenil, impulsando la formación y divulgación de la participación en dicho ámbito.

c) Fomentar y fortalecer el tejido asociativo en Castilla-La Mancha, apoyando y promocionando su funcionamiento abierto, libre y democrático.

d) Todas las respuestas son correctas.

33. ¿Qué principio previsto en la Ley 8/2019, de 13 de diciembre, de Participación de Castilla-La Mancha, dispone que los poderes públicos velarán para que el ejercicio de la participación sea útil y viable, promoviendo fórmulas de cooperación que contribuyan a una gestión más eficaz de los asuntos públicos, siempre que no sean contrarias al ordenamiento jurídico?

a) El principio de transparencia.
b) El principio de eficacia.
c) El principio de relevancia.
d) El principio de transversalidad.

Solución al test n.º 12

1. d) En los años ochenta.

2. b) La Dirección de Proyectos.

3. a) Garantizarán la constancia y permanencia de los documentos para su transmisión y entrega a sus posteriores responsables.

4. c) 3.000 firmas debidamente acreditadas de sujetos titulares del derecho a la participación.

5. d) Todas las respuestas son correctas.

6. d) El artículo 129.1.

7. b) Peter Drucker.

8. d) Las respuestas b y c son correctas.

9. a) La reflexión.

10. c) Publicidad. Los que ocupan cargos públicos deben de publicar sus ingresos antes, durante y después de su mandato.

11. b) No influirán en la agilización o resolución de trámite o procedimiento administrativo sin justa causa y, en ningún caso, cuando ello comporte un privilegio en beneficio de los titulares de los cargos públicos o su entorno familiar y social inmediato o cuando suponga un menoscabo de los intereses de terceros.

12. d) El principio de no discriminación por cuestiones de género.

13. a) El artículo 140.

14. c) En los años 80.

15. d) Todas las respuestas son correctas.

16. c) Desde el Watergate en 1978.

17. c) El capitalismo.

18. a) Actuarán de acuerdo con los principios de eficacia, economía y eficiencia, y vigilarán la consecución del interés general y el cumplimiento de los objetivos de la organización.

19. d) Obedecerán las instrucciones y órdenes profesionales de los superiores, salvo que constituyan una infracción manifiesta del ordenamiento jurídico, en cuyo caso las pondrán inmediatamente en conocimiento de los órganos de inspección procedentes.

20. d) Control de Gestión.

21. d) Todas las respuestas son correctas.

22. c) Lealtad y buena fe.

23. c) Un principio de conducta.

24. d) Peter Drucker.

25. b) El Diseño Organizativo.

26. c) La gestión de servicios.

27. a) La Dirección de Recursos Humanos.

28. b) El art. 105.2.

29. d) Todas las respuestas son correctas.

30. a) La gestión de los procesos de Cambio Organizativos.

31. c) La Ley 8/2019, de 13 de diciembre.

32. d) Todas las respuestas son correctas.

33. b) El principio de eficacia.

La igualdad efectiva de mujeres y hombres.
Políticas públicas de igualdad

1. La ley que regula a nivel estatal la igualdad efectiva de mujeres y hombres, es:

a) La Ley 3/2007, de 12 de marzo.
b) La Ley Orgánica 22/2007, de 3 de abril.
c) La Ley Orgánica 3/2007, de 22 de marzo.
d) El Decreto Legislativo 7/2003, de 23 de mayo.

2. ¿Qué título de la Ley para la Igualdad efectiva de Mujeres y Hombres se refiere a las políticas públicas para la igualdad?

a) El Título II.
b) El Título III.
c) El Título IV.
d) El Título V.

3. Las obligaciones establecidas en la Ley para la Igualdad efectiva entre Mujeres y Hombres son de aplicación a:

a) Toda persona que se encuentre o actúe en territorio español, cualquiera que fuese su nacionalidad, domicilio o residencia.
b) Todos los españoles residentes en territorio español; pero no a los españoles que tengan residencia en otro país aunque eventualmente se encuentren en territorio español.
c) Toda persona que se encuentre o actúe en territorio español, originaria de algún país adherido a los Tratados internacionales de eliminación de toda forma de discriminación contra la mujer; pero no se puede aplicar a personas originarias de los países no firmantes.
d) Únicamente a todos los españoles se encuentren o no en territorio español.

4. Todo trato desfavorable a las mujeres relacionado con el embarazo o la maternidad constituye:

a) Acoso sexual.
b) Acoso por razón de sexo.
c) Discriminación directa por razón de sexo.
d) Discriminación indirecta por razón de sexo.

5. Cualquier comportamiento realizado en función del sexo de una persona, con el propósito o efecto de atentar contra su dignidad y de crear un entorno intimidatorio, degradante u ofensivo, constituye:

a) Acoso sexual.
b) Acoso por razón de sexo.
c) Discriminación directa por razón de sexo.
d) Discriminación indirecta por razón de sexo.

6. Los actos y las cláusulas de los negocios jurídicos que constituyan o causen discriminación por razón de sexo se considerarán:

a) Válidos, si todas las partes consienten.
b) Anulables y sin efecto durante el primer año; pasado ese tiempo, si no hay denuncia, tendrán efectos legales.
c) Nulos, pero con efecto.
d) Nulos y sin efecto.

7. La capacidad y la legitimación para intervenir en los procesos civiles, sociales y contencioso-administrativos que versen sobre la defensa del derecho de igualdad entre mujeres y hombres, corresponden a:

a) La persona acosada, únicamente.
b) Cualquier ciudadano.
c) Las personas físicas y jurídicas con interés legítimo.
d) Cualquier persona jurídica.

8. Según el artículo 15 de la Ley para la Igualdad efectiva entre Mujeres y Hombres, el principio de igualdad de trato y oportunidades informará la actuación de todos los poderes públicos:

a) Con carácter transversal.
b) De forma equilibrada.
c) Solo cuando se trate de colectivos de especial vulnerabilidad o de violencia de hecho.
d) Con carácter no vinculante.

9. Según la Disposición Adicional Primera de la Ley para la Igualdad efectiva entre Mujeres y Hombres, se entenderá por composición equilibrada la presencia de mujeres y hombres de forma que, en el conjunto al que se refiera, las personas de cada sexo:

a) Tengan la misma representación; es decir la mitad, o la mitad más uno o menos uno si es un número impar de miembros.
b) No superen el 60 % ni sean menos del 40 %.
c) No superen el 70 % ni sean menos del 30 %.
d) No sean menos del 10 %.

10. Los proyectos de disposiciones de carácter general y los planes de especial relevancia económica, social, cultural y artística que se sometan a la aprobación del Consejo de Ministros deberán incorporar:

a) Un Plan Estratégico de Igualdad de Oportunidades.
b) Una estadística o encuesta que posibilite el conocimiento de las diferencias en los valores, roles, situaciones y condiciones, de mujeres y hombres en el ámbito de acción del proyecto o plan.
c) Un informe periódico sobre el conjunto de sus actuaciones en relación con la efectividad del principio de igualdad entre mujeres y hombres.
d) Un informe sobre su impacto por razón de género.

11. Se definen como "un conjunto ordenado de medidas, adoptadas después de realizar un diagnóstico de situación, tendentes a alcanzar en la empresa la igualdad de trato y de oportunidades entre mujeres y hombres y a ellmlnar la discriminación por razón de sexo":

a) Los programas de mejora de la empleabilidad de las mujeres.
b) Las medidas de acción positiva para favorecer el acceso de las mujeres al empleo y la aplicación efectiva del principio de igualdad de trato y no discriminación en las condiciones de trabajo.
c) Los protocolos de actuación frente al acoso sexual y al acoso por razón de sexo.
d) Los planes de igualdad de las empresas.

12. Según la disposición transitoria 12ª de la LO 3/2007, a partir del 7 de marzo de 2022 están obligadas a implantar planes de igualdad las empresas con un número de trabajadores superior a:

a) 50 trabajadores.
b) 100 trabajadores.
c) 150 trabajadores.
d) 250 trabajadores.

13. ¿Cómo se denomina el distintivo creado por el Ministerio de Trabajo y Asuntos Sociales (actual Ministerio de Trabajo y Economía Social) para reconocer a las empresas que destacan por la aplicación de políticas de igualdad de trato y de oportunidades con sus trabajadores y trabajadoras?

a) Distintivo "Igualdad en la Empresa".
b) Distintivo "Empresas en Igualdad".
c) Distintivo "Empresa no discriminatoria".
d) Distintivo "Empresa con empleo igualitario".

14. ¿Por cuánto tiempo se concede el distintivo para las empresas en materia de igualdad?

a) Un año, prorrogable uno más.
b) Cinco años, prorrogables.
c) Cuatro años.
d) Indefinido.

15. Mantener el equilibrio en las diferentes dimensiones de la vida con el fin de mejorar el bienestar, la salud y la capacidad de trabajo personal, es:

a) Conciliar.
b) Igualar.
c) Discriminatorio.
d) Acoso.

16. La aprobación de convocatorias de pruebas selectivas para el acceso al empleo público en la Administración General del Estado o en los organismos públicos vinculados o dependientes de ella, deberá:

a) Asegurar la adjudicación de plazas ofertadas por el principio de presencia equilibrada de mujeres y hombres.
b) Reservar al menos un 40 % de las plazas para cada sexo.
c) Acompañarse de un informe de impacto de género, salvo en casos de urgencia.
d) Separar las plazas que se hayan de cubrir por hombres de las que se hayan de cubrir por mujeres.

17. Para contribuir al cumplimiento de la legislación en materia de igualdad entre mujeres y hombres, las Administraciones públicas promoverán la adopción por parte de los medios de comunicación, incluyendo las actividades de venta y publicidad que en aquellos se desarrollen, de:

a) Planes de igualdad.
b) La realización de estudios e investigaciones especializadas en la materia.
c) Campañas institucionales dirigidas a fomentar la igualdad entre mujeres y hombres y a erradicar la violencia de género.
d) Acuerdos de autorregulación.

18. La publicidad que comporte una conducta discriminatoria de acuerdo con la Ley orgánica 3/2007 se considerará:

a) Publicidad ilícita.
b) Publicidad inapropiada.
c) Publicidad delictiva.
d) Publicidad engañosa.

19. En el acceso a bienes y servicios ¿puede un contratante indagar sobre la situación de embarazo de una mujer demandante de los mismos?

a) No, en ningún caso.
b) Solo por razones de protección de la salud de la mujer.
c) Sí, en cualquier caso.
d) Sí, si está en un estado avanzado de gestación.

20. La integración voluntaria, por parte de las empresas, de las preocupaciones sociales, laborales, medioambientales y de respeto a los derechos humanos con sus grupos de interés, responsabilizándose así de las consecuencias y los impactos que derivan de sus acciones, se denomina:

a) Integración empresarial positiva.
b) Responsabilidad social de las empresas.
c) Compromiso de presencia equilibrada en la empresa.
d) Empresa con distintivo de igualdad.

21. Indicar la palabra que falta en la siguiente frase: "El principal fin de la Ley 12/2010, de 18 de noviembre, de igualdad entre mujeres y hombres de Castilla-La Mancha, es alcanzar la igualdad .... entre hombres y mujeres en todos los ámbitos de la vida":

a) Máxima.
b) Laboral.
c) Jurídica.
d) Real.

22. En las candidaturas a las Cortes Regionales que presenten los partidos políticos, federaciones, coaliciones o agrupaciones de electores, se entenderá por representación equilibrada:

a) La presencia de mujeres y hombres de forma que, en el conjunto de la candidatura, las personas de cada sexo no superen el 60 % ni sean menos del 40.
b) La presencia en las candidaturas del mismo número de hombres que de mujeres.

c) La alternancia de mujeres y hombres en las candidaturas de forma que las personas de un sexo ocupen todos los puestos pares y las del otro todos los puestos impares.

d) La alternancia en cada legislatura del sexo del cabeza de lista de cada partido político federación, coalición o agrupación, de forma que si en una legislatura el cabeza de lista es hombre, en la siguiente legislatura habrá de presentarse a una mujer como cabeza de lista.

23. El informe de impacto de género al anteproyecto de Ley de Presupuestos de la Comunidad Autónoma de Castilla-La Mancha será realizado por:

a) La Comisión de Igualdad.
b) La Consejería competente en materia de Hacienda.
c) La Consejería competente en materia de servicios sociales.
d) El Instituto de la Mujer de Castilla-La Mancha.

24. Selecciona entre las opciones propuestas la palabra que falta en la siguiente frase: "En la comunicación institucional, las Administraciones públicas de Castilla-La Mancha velarán por la transmisión de una imagen igualitaria, plural y no .... de mujeres y hombres en la sociedad, y promoverán el conocimiento y la difusión del principio de igualdad entre mujeres y hombres en el desarrollo de sus políticas":

a) Discriminatoria.
b) Denigrante.
c) Sexista.
d) Estereotipada.

25. ¿Quién aprueba el Plan Estratégico para la Igualdad de Oportunidades de Castilla-La Mancha?

a) El Consejo de Gobierno.
b) El Instituto de la Mujer de Castilla-La Mancha.
c) Las Cortes de Castilla-La Mancha.
d) La Comisión de Igualdad.

26. Selecciona entre las opciones propuestas la palabra que falta en la siguiente frase: "La Junta de Comunidades de Castilla-La Mancha establecerá medidas específicas dirigidas a la eliminación de los estereotipos masculinos y femeninos y al fomento de la .... familiar y doméstica, con el fin de garantizar el derecho y el deber de las mujeres y de los hombres a compartir las responsabilidades familiares, en particular las tareas domésticas y el cuidado de las personas dependientes":

a) Conciliación.
b) Corresponsabilidad.
c) Representatividad.
d) Equiparación.

27. Selecciona entre las opciones propuestas la palabra que falta en la siguiente frase: "La Junta de Comunidades de Castilla-La Mancha garantiza el derecho .... en la adjudicación de viviendas de promoción pública en régimen de alquiler o propiedad, a las mujeres de Castilla-La Mancha que se hallen en circunstancias de especial vulnerabilidad, por estar en situación de necesidad o de exclusión social, por ser víctimas de violencia de género o por pertenecer a un colectivo que soporte discriminaciones múltiples, entre las que se encuentran las mujeres solas con cargas familiares, en las condiciones que reglamentariamente se determinen":

a) Inalienable.
b) Irrenunciable.
c) Preferente.
d) Imprescriptible.

28. La Junta de Comunidades de Castilla-La Mancha fomentará el acceso al empleo de las mujeres jóvenes de Castilla- La Mancha, entendiendo por estas las menores de:

a) 25 años.
b) 30 años.
c) 35 años.
d) 40 años.

29. El Instituto de la Mujer de Castilla-La Mancha elaborará un informe sobre la aplicación de la Ley 12/2010, en el que se propondrán las medidas y actuaciones necesarias para conseguir la igualdad real entre mujeres y hombres, cada:

a) Mes.
b) Año.
c) 2 años.
d) 3 años.

30. ¿Cuál es el órgano o institución garante del derecho a la igualdad entre mujeres y hombres en las actuaciones de las Administraciones Públicas castellano-manchegas?

a) El Defensor del Pueblo.
b) El Instituto de la Mujer de Castilla-La Mancha.
c) La Comisión de Igualdad.
d) La Unidad de Igualdad de Género.

Solución al test n.º 13

1. c) La Ley Orgánica 3/2007, de 22 de marzo.

2. a) El Título II.

3. a) Toda persona que se encuentre o actúe en territorio español, cualquiera que fuese su nacionalidad, domicilio o residencia.

4. c) Discriminación directa por razón de sexo.

5. b) Acoso por razón de sexo.

6. d) Nulos y sin efecto.

7. c) Las personas físicas y jurídicas con interés legítimo.

8. a) Con carácter transversal.

9. b) No superen el 60% ni sean menos del 40%.

10. d) Un informe sobre su impacto por razón de género.

11. d) Los planes de igualdad de las empresas.

12. a) 50 trabajadores.

13. a) Distintivo "Igualdad en la Empresa".

14. b) Cinco años, prorrogables.

15. a) Conciliar.

16. c) Acompañarse de un informe de impacto de género, salvo en casos de urgencia.

17. d) Acuerdos de autorregulación.

18. a) Publicidad ilícita.

19. b) Solo por razones de protección de la salud de la mujer.

20. b) Responsabilidad social de las empresas.

21. d) Real.

22. c) La alternancia de mujeres y hombres en las candidaturas de forma que las personas de un sexo ocupen todos los puestos pares y las del otro todos los puestos impares.

23. a) La Comisión de Igualdad.

24. d) Estereotipada.

25. a) El Consejo de Gobierno.

26. b) Corresponsabilidad.

27. c) Preferente.

28. b) 30 años.

29. d) 3 años.

30. a) El Defensor del Pueblo.

La transparencia en la Administración de la Junta de Comunidades de Castilla-La Mancha: normativa de aplicación. Publicidad activa y derecho de acceso a la información pública

1. Según lo previsto en el artículo 31 de la Ley 4/2016, de 15 de diciembre, de Transparencia y Buen Gobierno de Castilla-La Mancha, se inadmitirán a trámite, mediante resolución motivada, las solicitudes de acceso a la información:

a) Relativas a los intereses económicos y turísticos.
b) Relativas a la garantía de la confidencialidad o el secreto requerido en procesos de toma de decisión.
c) Relativas a información para cuya divulgación sea necesaria una acción previa de reelaboración.
d) Relativas a infraestructuras críticas.

2. El acceso a la información pública requiere:

a) Solicitud previa.
b) Acreditación de la condición de interesado.
c) Motivación expresa.
d) La utilización de medios telemáticos.

3. Señala la palabra que falta. Cuando la información pública solicitada no contuviera datos especialmente protegidos, el órgano al que se dirija la solicitud concederá el acceso previa .... suficientemente razonada del interés público en la divulgación de la información y los derechos de los afectados cuyos datos aparezcan en la información solicitada, en particular su derecho fundamental a la protección de datos de carácter personal:

a) Catalogación.
b) Acreditación.
c) Ponderación.
d) Identificación.

4. El incumplimiento reiterado de la obligación de resolver en plazo procedimientos de acceso a la información pública:

a) Tendrá la consideración de infracción grave.
b) Tendrá la consideración de infracción muy grave.
c) Tendrá la consideración de infracción leve.
d) No tendrá la consideración de infracción.

5. A aquel gobierno que promueve una comunicación y un diálogo de calidad con los ciudadanos con el fin de facilitar su participación y colaboración en las políticas públicas, que garantiza la información y la transparencia de su actuación para fomentar la rendición de cuentas, y que diseña sus estrategias en un marco de gobernanza multinivel, se le denomina:

a) Gobierno democrático.
b) Gobierno electrónico.
c) Gobierno 2.0.
d) Gobierno abierto.

6. Según el artículo 2 de la Ley 4/2016, cualquier persona podrá acceder a la información pública, atendiendo en particular a las necesidades de las personas con circunstancias especiales que les dificulten el ejercicio del derecho, conforme al principio de:

a) Igualdad de oportunidades.
b) No discriminación.
c) Eficacia.
d) Accesibilidad.

7. Señala la opción incorrecta. Según el preámbulo de la Ley 19/2013, de 9 de diciembre, de transparencia, acceso a la información pública y buen gobierno, los 3 ejes fundamentales de toda acción política deben ser:

a) La transparencia.
b) La promoción de la administración electrónica.
c) El acceso a la información pública.
d) Las normas de buen gobierno.

8. En virtud del artículo 12.1 de la Ley 4/2016, ¿deben publicar las Administraciones Públicas, en el ámbito de sus competencias, las directrices, instrucciones, acuerdos, circulares o respuestas a consultas planteadas por los particulares u otros órganos?

a) No, en ningún caso.
b) Sí, en todo caso.
c) Sí, siempre que no tengan efectos jurídicos.
d) Sí, en la medida en que supongan una interpretación del Derecho o tengan efectos jurídicos.

9. Señala la opción incorrecta. El derecho de acceso a la información pública podrá ser limitado cuando acceder a la información suponga un perjuicio para:

a) Los intereses económicos y comerciales.
b) La garantía de la confidencialidad o el secreto requerido en procesos de toma de decisión.
c) El honor de los funcionarios o cargos directivos.
d) La protección del medio ambiente.

10. No es una causa de inadmisión de las solicitudes de acceso a la información pública:

a) Que se refieran a información que esté en curso de elaboración o de publicación general.
b) Que se dirijan a un órgano en cuyo poder no obre la información.
c) Que sean manifiestamente repetitivas.
d) Que se refieran a información para cuya divulgación sea necesaria una acción previa de reelaboración.

11. Cuando la solicitud de información pública no identifique de forma suficiente la información, se pedirá al solicitante que la concrete en un plazo de:

a) 10 días.
b) 15 días.
c) 20 días.
d) 30 días.

12. La resolución en la que se conceda o deniegue el acceso a información pública deberá notificarse al solicitante y a los terceros afectados que así lo hayan solicitado en el plazo máximo, desde la recepción de la solicitud por el órgano competente para resolver, de:

a) 10 días.
b) 15 días.
c) 20 días.
d) 1 mes.

13. En virtud de qué principio la información pública ha de ser cierta y exacta, asegurando que procede de documentos respecto de los que se ha verificado su autenticidad, fiabilidad, integridad, disponibilidad y cadena de custodia:

a) Principio de transparencia.
b) Principio de responsabilidad.
c) Principio de veracidad.
d) Principio de utilidad.

14. Según el artículo 5 de la Ley 4/2016, deberán cumplir las obligaciones de publicidad establecidas en la legislación básica estatal las entidades privadas, las corporaciones, asociaciones, instituciones y otras entidades representativas de intereses colectivos, que perciban durante el periodo de un año ayudas o subvenciones públicas en cuantía superior a:

a) 5.000 euros.
b) 30.000 euros.
c) 60.000 euros.
d) 100.000 euros.

15. El Consejo Regional de Transparencia y Buen Gobierno es un órgano adscrito a:

a) Las Cortes de Castilla-La Mancha.
b) La Presidencia de la Junta de Comunidades de Castilla-La Mancha.
c) La Consejería de Hacienda y Administraciones Públicas.
d) La Vicepresidencia Primera del Gobierno de Castilla-La Mancha.

16. Según el artículo 58 de la Ley 4/2016, en el ámbito de la Administración de la Junta de Comunidades de Castilla-La Mancha y de los organismos o entidades públicos vinculados o dependientes de la misma, se crearán, con la misión de promover y difundir los principios de transparencia, publicidad activa y reutilización, y de contribuir a organizar su información de acuerdo con los preceptos de esta ley:

a) Oficinas de Transparencia.
b) Consejos de Transparencia.
c) Comisiones de Transparencia.
d) Unidades de Transparencia.

17. Conforme al artículo 8 de la Ley 37/2007, la reutilización de la información de las Administraciones y de los organismos del sector público podrá estar sometida, entre otras, a la siguiente condición general:

a) Que el contenido de la información, incluyendo sus metadatos, sea alterado suficientemente para no ser constitutivo de plagio.
b) Que se desnaturalice el sentido de la información.
c) Que se cite la fuente.
d) Que se mencionen las fechas de todas sus actualizaciones.

18. En materia de transparencia, es una infracción muy grave:

a) Impedir deliberadamente u ocultar la existencia de información pública para imposibilitar su conocimiento y acceso.
b) Facilitar la información en condiciones que impidan su comprensión.

c) Omitir el trámite de audiencia de los terceros afectados por las solicitudes de acceso a la información pública, cuando estos se encuentren claramente identificados.

d) Desestimar sin motivación las solicitudes de acceso a la información pública.

19. El mandato de los miembros del Consejo Regional de Transparencia y Buen Gobierno tendrá una duración de:

a) 3 años.
b) 4 años.
c) 5 años.
d) 6 años.

20. ¿Cuál de las siguientes es una función de la adjuntía segunda del Consejo Regional de Transparencia y Buen Gobierno?

a) Tramitar las consultas que, con carácter facultativo, puedan presentarse ante el Consejo, relativas a la aplicación de las disposiciones reguladoras del derecho de acceso a la información pública.

b) Proponer a la Presidencia la adopción de criterios de interpretación uniforme de las disposiciones previstas en el capítulo II del título II de la Ley 4/2016.

c) Supervisar el cumplimiento de las obligaciones de publicidad activa contenidas en el capítulo II del título II de la Ley 4/2016.

d) La orientación y asesoramiento a las personas que lo soliciten en el ejercicio del derecho de acceso y la asistencia a aquellas en la búsqueda de la información.

21. Frente a toda resolución en materia de acceso a la información pública, podrá interponerse una reclamación ante el Consejo Regional de Transparencia y Buen Gobierno de Castilla-La Mancha, en el plazo a contar desde el día siguiente al de la notificación de la resolución impugnada, o desde el día siguiente a aquel en que se produzcan los efectos del silencio administrativo, de:

a) 15 días naturales.
b) 20 días hábiles.
c) 1 mes.
d) 3 meses.

22. ¿Con cuántas Adjuntías cuenta el Consejo Regional de Transparencia y Buen Gobierno?

a) 1.
b) 2.
c) 3.
d) 4.

23. Corresponde dirigir los contenidos informativos del Portal de Transparencia, garantizando su acceso, actualización y reutilización:

a) A la Oficina de Transparencia.
b) A las Unidades de Transparencia.
c) A la Comisión Interdepartamental para la Presidencia.
d) Al Consejo Regional de Transparencia y Buen Gobierno.

24. Es una función de la Comisión Interdepartamental para la Transparencia:

a) Informar preceptivamente los proyectos normativos del Gobierno regional en materia de transparencia, acceso a la información pública y buen gobierno.
b) Resolver las reclamaciones contra las resoluciones en materia de acceso a la información pública, con carácter previo a su impugnación en la jurisdicción contencioso-administrativa.
c) Mantener actualizado un mapa de contenidos en el que queden identificados los distintos tipos de información que obren en poder del órgano.
d) Dictar instrucciones y fijar criterios tanto respecto a la implementación de la publicidad activa como en relación al seguimiento de la planificación operativa que se desarrolle en materia de transparencia.

25. Las condiciones incorporadas a las licencias de reutilización de documentos:

a) Podrán restringir las posibilidades de reutilización.
b) Deberán ser claras y justas.
c) Podrán ser discriminatorias para categorías comparables de reutilización.
d) Podrán limitar la competencia.

Solución al test n.º 14

1. c) Relativas a información para cuya divulgación sea necesaria una acción previa de reelaboración.

2. a) Solicitud previa.

3. c) Ponderación.

4. a) Tendrá la consideración de infracción grave.

5. d) Gobierno abierto.

6. d) Accesibilidad.

7. b) La promoción de la administración electrónica.

8. d) Sí, en la medida en que supongan una interpretación del Derecho o tengan efectos jurídicos.

9. c) El honor de los funcionarios o cargos directivos.

10. b) Que se dirijan a un órgano en cuyo poder no obre la información.

11. a) 10 días.

12. d) 1 mes.

13. c) Principio de veracidad.

14. c) 60.000 euros.

15. a) Las Cortes de Castilla-La Mancha.

16. d) Unidades de Transparencia.

17. c) Que se cite la fuente.

18. a) Impedir deliberadamente u ocultar la existencia de información pública para imposibilitar su conocimiento y acceso.

19. d) 6 años.

20. a) Tramitar las consultas que, con carácter facultativo, puedan presentarse ante el Consejo, relativas a la aplicación de las disposiciones reguladoras del derecho de acceso a la información pública.

21. c) 1 mes.

22. b) 2.

23. a) A la Oficina de Transparencia.

24. d) Dictar instrucciones y fijar criterios tanto respecto a la implementación de la publicidad activa como en relación al seguimiento de la planificación operativa que se desarrolle en materia de transparencia.

25. b) Deberán ser claras y justas.

TEST N.º 15

La protección de datos. Régimen jurídico. Principios y derechos de los ciudadanos. La Seguridad de la Información: principios básicos y requisitos mínimos en el Esquema Nacional de Seguridad

1. El Esquema Nacional de Seguridad está constituido por los principios básicos y requisitos mínimos que garanticen adecuadamente la seguridad de la información tratada. Entre los principios básicos figura:

a) Protección de las instalaciones.
b) Seguridad por defecto.
c) Reevaluación periódica.
d) Prevención ante otros sistemas de información interconectados.

2. Los principios básicos y requisitos mínimos requeridos para una protección adecuada de la información constituyen:

a) El Esquema Nacional de Seguridad.
b) El Esquema Nacional de Interoperabilidad.
c) La estrategia TIC.
d) El Plan de Transformación digital de la Administración General del Estado.

3. La letra [C] señala, en relación con la seguridad de la información o de los sistemas, una dimensión de seguridad de:

a) Cualificación.
b) Confidencialidad.
c) Capacitación.
d) Certificación.

4. Un incidente de seguridad que afecte a alguna de las dimensiones de seguridad supone un perjuicio muy grave sobre las funciones de la organización, sobre sus activos o sobre los individuos afectados, cuando:

a) Reduzca de forma apreciable la capacidad de la organización para atender eficazmente sus funciones y competencias, aunque estas sigan desempeñándose.
b) Cause un daño significativo en los activos de la organización.

c) Cause un perjuicio significativo a algún individuo, de difícil reparación.

d) Anule efectivamente la capacidad de la organización para desarrollar eficazmente sus funciones y competencias.

5. En virtud de qué principio previsto por el Reglamento General de Protección de Datos, los datos personales serán adecuados, pertinentes y limitados a lo necesario en relación con los fines para los que son tratados:

a) Principio de exactitud.

b) Principio de limitación de la finalidad.

c) Principio de responsabilidad proactiva.

d) Principio de minimización de datos.

6. En relación al consentimiento, el Reglamento General de Protección de Datos dispone que:

a) El consentimiento puede deducirse del silencio o de la inacción de los ciudadanos.

b) Se permite el llamado consentimiento tácito.

c) No es admisible el consentimiento del interesado dado en el contexto de una declaración escrita que también se refiera a otros asuntos.

d) Quienes recopilen datos personales deben ser capaces de demostrar que el afectado les otorgó su consentimiento.

7. Según el artículo 5 del Reglamento (UE) 2016/679, de 27 de abril, relativo a la protección de las personas físicas en lo que respecta al tratamiento de datos personales y a la libre circulación de estos datos, los datos personales serán tratados, en relación con el interesado, de manera lícita, leal y:

a) Fiable.

b) Segura.

c) Confidencial.

d) Transparente.

8. Según el Reglamento (UE) 2016/679, de 27 de abril, relativo a la protección de las personas físicas en lo que respecta al tratamiento de datos personales y a la libre circulación de estos datos, para poder considerar que el consentimiento del interesado para el tratamiento de sus datos personales es inequívoco:

a) Se requerirá declaración jurada del interesado donde manifieste su conformidad.

b) Se precisa contrato de cesión de datos personales.

c) Deberá existir una declaración del interesado o una acción positiva que manifieste su conformidad.

d) Bastará con el consentimiento por silencio, casillas ya marcadas o inacción.

9. Cuando los plazos se señalen por días en el RGPD o en la LO 3/2018, se entiende que estos:

a) Son naturales.

b) Son hábiles, de lunes a sábado; excluyéndose del cómputo los domingos y los declarados festivos.

c) Son naturales; excluyéndose del cómputo los declarados festivos.

d) Son hábiles, excluyéndose del cómputo los sábados, los domingos y los declarados festivos.

10. Es correcto, conforme a la disposición adicional 3ª de la LO 3/2018, que:

a) Cuando los plazos se señalen por días, se entiende que estos son naturales.

b) Si el plazo se fija en semanas, concluirá el día anterior al día de la semana en que se produjo el hecho que determina su iniciación en la semana de vencimiento.

c) Si el plazo se fija en años, concluirá el mismo día en que se produjo el hecho que determina su iniciación en el año de vencimiento.

d) Cuando el último día del plazo sea inhábil, se entenderá adelantado al último día hábil anterior.

11. ¿Cómo denomina el RGPD el tratamiento de datos personales de manera tal que ya no puedan atribuirse a un interesado sin utilizar información adicional, siempre que dicha información adicional figure por separado y esté sujeta a medidas técnicas y organizativas destinadas a garantizar que los datos personales no se atribuyan a una persona física identificada o identificable?

a) Seudonimización.

b) Anonimización.

c) Generalización.

d) Encriptación.

12. Conforme al artículo 3 de la LO 3/2018, las personas vinculadas al fallecido por razones familiares o de hecho así como sus herederos:

a) No podrán dirigirse al responsable o encargado del tratamiento para solicitar el acceso a los datos personales de aquella, si no es por vía judicial.

b) Solo podrán dirigirse al encargado del tratamiento, siempre que sea con objeto de rectificar datos manifiestamente falsos.

c) Podrán dirigirse al responsable o encargado del tratamiento siempre que sea con objeto de solicitar la supresión de los datos personales de aquella sin posibilidad de acceder a ellos.

d) Podrán dirigirse al responsable o encargado del tratamiento al objeto de solicitar el acceso a los datos personales de aquella y, en su caso, su rectificación o supresión.

13. El artículo 4 de la LO 3/2018 señala que, conforme al artículo 5.1.d) del Reglamento (UE) 2016/679, los datos serán exactos y, si fuere necesario:

a) Actualizados.
b) Aproximados.
c) Normalizados.
d) Digitalizados.

14. Señala la opción incorrecta. No será imputable al responsable del tratamiento, siempre que este haya adoptado todas las medidas razonables para que se supriman o rectifiquen sin dilación, la inexactitud de los datos personales, con respecto a los fines para los que se tratan, cuando los datos inexactos:

a) Hubiesen sido obtenidos por el responsable directamente del encargado.
b) Hubiesen sido obtenidos por el responsable de un mediador o intermediario en caso de que las normas aplicables al sector de actividad al que pertenezca el responsable del tratamiento establecieran la posibilidad de intervención de un intermediario o mediador que recoja en nombre propio los datos de los afectados para su transmisión al responsable.
c) Fuesen sometidos a tratamiento por el responsable por haberlos recibido de otro responsable en virtud del ejercicio por el afectado del derecho a la portabilidad.
d) Fuesen obtenidos de un registro público por el responsable.

15. Conforme al artículo 5.1 de la LO 3/2018, estarán sujetas al deber de confidencialidad:

a) Únicamente los responsables del tratamiento.
b) Los responsables y encargados del tratamiento.
c) Los responsables y encargados del tratamiento de datos así como todas las personas que intervengan en cualquier fase de este.
d) Los responsables y encargados del tratamiento de datos así como todas las personas que intervengan en todas las fases de este.

16. Conforme a los artículos 4.11 del RGPD y 6.1 de la LO 3/2018, se entiende por "consentimiento del afectado" la aceptación, ya sea mediante una declaración o una clara acción afirmativa, del tratamiento de datos personales que le conciernen manifestada por voluntad libre, de forma específica, informada y/e:

a) Detallada.
b) Unitaria.
c) Inequívoca.
d) Por escrito.

17. Los datos personales serán tratados de tal manera que se garantice una seguridad adecuada de los mismos, incluida la protección contra el tratamiento no autorizado o ilícito y contra su pérdida, destrucción o daño accidental, mediante la aplicación de medidas técnicas u organizativas apropiadas; todo ello en virtud del principio de:

a) Responsabilidad proactiva.
b) Integridad y confidencialidad.
c) Limitación de la finalidad.
d) Licitud, lealtad y transparencia.

18. El tratamiento de datos personales solo podrá considerarse fundado en el cumplimiento de una misión realizada en interés público o en el ejercicio de poderes públicos conferidos al responsable cuando derive de una competencia atribuida por:

a) Una norma con rango de ley.
b) El Reglamento General de Protección de Datos.
c) La Ley Orgánica 3/2018, de 5 de diciembre, de Protección de Datos Personales y garantía de los derechos digitales.
d) Un Reglamento.

19. Conforme al artículo 9 de la LO 3/2018, de 5 de diciembre, de Protección de Datos Personales y garantía de los derechos digitales, cuál de los siguientes tratamientos de categorías especiales de datos fundados en el Derecho español deberá estar amparado en una norma con rango de ley:

a) Tratamiento necesario con fines de archivo en interés público, fines de investigación científica o histórica.
b) Tratamiento efectuado, en el ámbito de sus actividades legítimas y con las debidas garantías, por una fundación, una asociación o cualquier otro organismo sin ánimo de lucro, cuya finalidad sea política, filosófica, religiosa o sindical, siempre que el tratamiento se refiera exclusivamente a los miembros actuales o antiguos de tales organismos o a personas que mantengan contactos regulares con ellos en relación con sus fines y siempre que los datos personales no se comuniquen fuera de ellos sin el consentimiento de los interesados.
c) Tratamiento necesario para fines de medicina preventiva o laboral, evaluación de la capacidad laboral del trabajador, diagnóstico médico, prestación de asistencia o tratamiento de tipo sanitario o social, o gestión de los sistemas y servicios de asistencia sanitaria y social.
d) Tratamiento referido a datos personales que el interesado ha hecho manifiestamente públicos.

20. Conforme al RGPD, cuando se aplique el consentimiento para el tratamiento de sus datos personales para uno o varios fines específicos en relación con la oferta directa a niños de servicios de la sociedad de la información, el tratamiento de los datos personales de un niño se considerará lícito cuando éste tenga como mínimo:

a) 12 años.
b) 13 años.
c) 14 años.
d) 16 años.

21. Según el Reglamento General de Protección de Datos, cuando los datos personales no se hayan obtenido del interesado, el responsable del tratamiento le facilitará, entre otras informaciones, los fines del tratamiento a que se destinan los datos personales, así como la base jurídica del tratamiento. El responsable del tratamiento facilitará la información dentro de un plazo razonable, una vez obtenidos los datos personales, y a más tardar dentro de:

a) 10 días hábiles.
b) 20 días.
c) 1 mes.
d) 3 meses.

22. Conforme al RGPD, el interesado tendrá derecho a obtener del responsable del tratamiento la limitación del tratamiento de los datos cuando el responsable ya no necesite los datos personales para los fines del tratamiento, pero el interesado los necesite para:

a) La formulación, el ejercicio o la defensa de reclamaciones.
b) Verificar la exactitud de los mismos
c) Incorporarlos a sus archivos personales.
d) Proceder él mismo a su destrucción.

23. El derecho a la portabilidad de los datos:

a) Se podrá aplicar a los tratamientos que sean necesario para el cumplimiento de una misión realizada en interés público o en el ejercicio de poderes públicos conferidos al responsable del tratamiento.
b) A diferencia de otros derechos, podrá afectar negativamente a los derechos y libertades de otros.
c) Supone la obligación de que, en todo caso, los datos personales se transmitan directamente de responsable a responsable.
d) Requiere que el tratamiento se efectúe por medios automatizados.

24. En virtud del derecho de acceso al que se refiere el artículo 15 del Reglamento (UE) 2016/679, del Parlamento Europeo y del Consejo, de 27 de abril, relativo a la protección de las personas físicas en lo que respecta al tratamiento de datos personales y a la libre circulación de estos datos y por el que se deroga la Directiva 95/46/CE:

a) El interesado tendrá derecho a conocer si sus datos de carácter personal están siendo tratados, qué datos son objeto de dicho tratamiento, la finalidad del mismo, el origen de los citados datos y si se han comunicado o se van a comunicar a un tercero.

b) El interesado, previo pago de un canon, tendrá derecho a obtener información sobre sus datos de carácter personal sometidos a tratamiento.

c) El interesado tiene derecho a conocer el nombre y apellidos de las personas que han accedido a sus datos.

d) El interesado tendrá derecho a obtener información de sus datos de carácter personal sometidos a tratamiento, pero no de las comunicaciones que se prevean hacer de ellos.

25. Conforme al RGPD, ¿puede facilitarse la información al interesado de forma verbal?

a) No, en ningún caso.

b) Sí, siempre que lo solicite el interesado.

c) Sí, en cualquier caso siempre que se demuestre la identidad del interesado por otros medios.

d) Sí, cuando lo solicite el interesado y se pueda demostrar su identidad por otros medios.

26. Según el artículo 8.1 de la LO 3/2018, el tratamiento de datos personales solo podrá considerarse fundado en el cumplimiento de una obligación legal exigible al responsable:

a) Cuando así lo prevea una norma de Derecho de la Unión Europea o una norma con rango de ley.

b) Cuando el tratamiento se considere una misión realizada en interés público.

c) Cuando se trate del ejercicio de poderes públicos conferidos al responsable.

d) Cuando el responsable sea un órgano u organismo público.

27. Conforme al artículo 12 de la LO 3/2018, los derechos reconocidos en los artículos 15 a 22 del RGPD:

a) Sólo podrán ser ejercidos directamente por el afectado.

b) Deberán ejercerse bien directamente por el afectado o por representante legal.

c) Deberán ejercerse bien directamente por el afectado o por representante voluntario.

d) Podrán ejercerse directamente o por medio de representante legal o voluntario.

28. Según el artículo 12.4 de la LO 3/2018, la prueba del cumplimiento del deber de responder a la solicitud de ejercicio de sus derechos formulado por el afectado recaerá:

a) Sobre el responsable del tratamiento.
b) Sobre el encargado del tratamiento.
c) Bien sobre el responsable o bien sobre el encargado.
d) Sobre el representante legal del afectado.

29. En relación con el derecho de acceso, el artículo 13 de la LO 3/2018 dispone que:

a) Cuando el responsable trate una gran cantidad de datos relativos al afectado y este ejercite su derecho de acceso sin especificar si se refiere a todos o a una parte de los datos, el responsable deberá facilitar la totalidad de los datos.
b) El derecho de acceso se entenderá otorgado si el responsable del tratamiento facilitara al afectado un sistema de acceso remoto, directo y seguro a los datos personales que garantice, temporalmente, el acceso a su totalidad.
c) Se podrá considerar repetitivo el ejercicio del derecho de acceso en más de una ocasión durante el plazo de seis meses, a menos que exista causa legítima para ello.
d) Cuando el afectado elija un medio distinto al que se le ofrece deberá asumir los costes que su elección comporte.

30. Conforme el artículo 5 de la Ley Orgánica 3/2018, de 5 de diciembre, de Protección de Datos Personales y garantía de los derechos digitales, los responsables y encargados del tratamiento de datos, así como todas las personas que intervengan en cualquier fase de éste estarán sujetas al deber de confidencialidad al que se refiere el artículo 5.1.f) del Reglamento (UE) 2016/679, que se mantendrá:

a) Aun cuando hubiese finalizado la relación del obligado con el responsable o encargado del tratamiento.
b) Durante los cuatro años siguientes a la intervención en el tratamiento de datos que corresponda.
c) Durante los cinco años siguientes a la intervención en el tratamiento de datos que corresponda.
d) Sólo si coexiste con el deber de secreto profesional de conformidad.

Solución al test n.º 15

1. c) Reevaluación periódica.

2. a) El Esquema Nacional de Seguridad.

3. b) Confidencialidad.

4. d) Anule efectivamente la capacidad de la organización para desarrollar eficazmente sus funciones y competencias.

5. d) Principio de minimización de datos.

6. d) Quienes recopilen datos personales deben ser capaces de demostrar que el afectado les otorgó su consentimiento.

7. d) Transparente.

8. c) Deberá existir una declaración del interesado o una acción positiva que manifieste su conformidad.

9. d) Son hábiles, excluyéndose del cómputo los sábados, los domingos y los declarados festivos.

10. c) Si el plazo se fija en años, concluirá el mismo día en que se produjo el hecho que determina su iniciación en el año de vencimiento.

11. a) Seudonimización.

12. d) Podrán dirigirse al responsable o encargado del tratamiento al objeto de solicitar el acceso a los datos personales de aquella y, en su caso, su rectificación o supresión.

13. a) Actualizados.

14. a) Hubiesen sido obtenidos por el responsable directamente del encargado.

15. c) Los responsables y encargados del tratamiento de datos así como todas las personas que intervengan en cualquier fase de este.

16. c) Inequívoca.

17. b) Integridad y confidencialidad.

18. a) Una norma con rango de ley.

19. c) Tratamiento necesario para fines de medicina preventiva o laboral, evaluación de la capacidad laboral del trabajador, diagnóstico médico, prestación de asistencia o tratamiento de tipo sanitario o social, o gestión de los sistemas y servicios de asistencia sanitaria y social.

20. d) 16 años.

21. c) 1 mes.

22. a) La formulación, el ejercicio o la defensa de reclamaciones.

23. d) Requiere que el tratamiento se efectúe por medios automatizados.

24. a) El interesado tendrá derecho a conocer si sus datos de carácter personal están siendo tratados, qué datos son objeto de dicho tratamiento, la finalidad del mismo, el origen de los citados datos y si se han comunicado o se van a comunicar a un tercero.

25. d) Sí, cuando lo solicite el interesado y se pueda demostrar su identidad por otros medios.

26. a) Cuando así lo prevea una norma de Derecho de la Unión Europea o una norma con rango de ley.

27. d) Podrán ejercerse directamente o por medio de representante legal o voluntario.

28. a) Sobre el responsable del tratamiento.

29. c) Se podrá considerar repetitivo el ejercicio del derecho de acceso en más de una ocasión durante el plazo de seis meses, a menos que exista causa legítima para ello.

30. a) Aun cuando hubiese finalizado la relación del obligado con el responsable o encargado del tratamiento.

Cómo acceder al Curso

Personal Funcionario (Subgrupo A2)
Test de la Parte Común

El uso de los códigos **es exclusivo de los compradores de los productos de Editorial MAD**. Cada producto posee un código único y de un solo uso. Es personal e intransferible y da acceso a servicios y contenidos adicionales. Editorial MAD se reserva el derecho de hacer cuantas comprobaciones sean necesarias para identificar al legítimo poseedor del código y dejar de dar servicio a quien haga uso fraudulento del mismo, además de emprender cuantas acciones legales estime oportunas según la legislación vigente.

Deberás acceder a:

mad.es/registro-campus

Si una vez aceptadas las condiciones de uso del Campus decides hacer uso del mismo, necesitarás del siguiente código de acceso junto con los códigos del resto de títulos que se exigen (si fuera el caso):

CV8BTF7ZAL